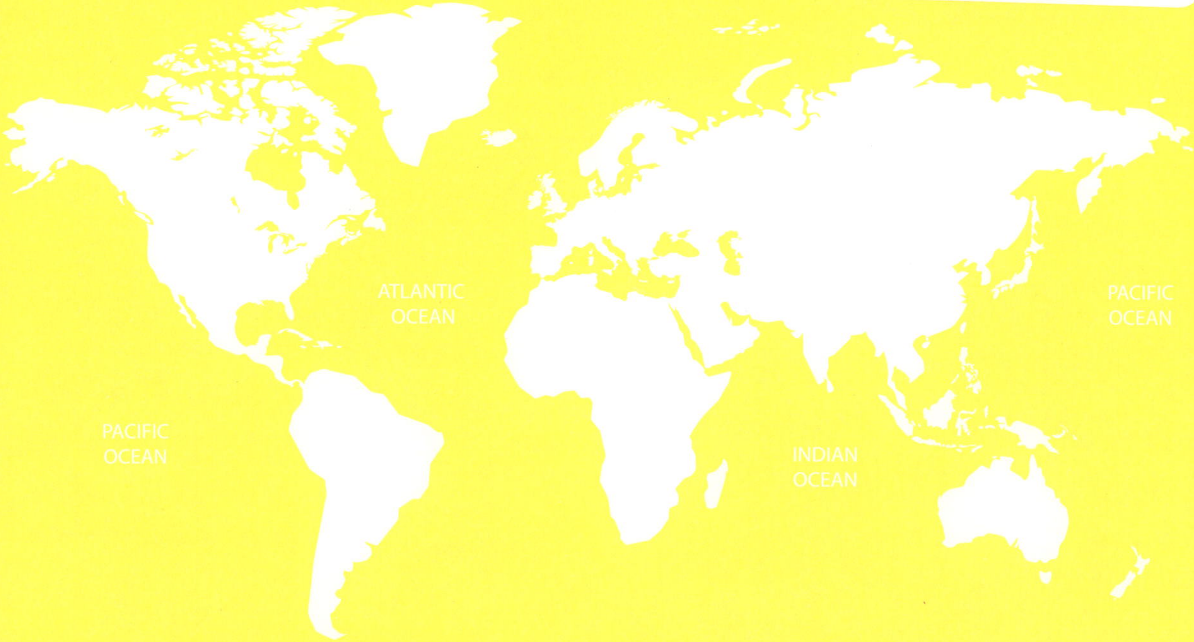

**1쇄 발행** 2019년 6월 27일
**4쇄 발행** 2025년 10월 13일

**지은이** 서해경
**그린이** 이경석
**펴낸이** 이학수
**펴낸곳** 키큰도토리
**편집** 오세경, 민가진
**디자인** 박정화

**출판등록** 제395-2012-000219호
**주소** 10543 경기도 고양시 덕양구 청초로 66, B-617호
**전화** 070-4233-0552
**팩스** 0505-370-0552

**전자우편** kkdotory@daum.net
**홈페이지** www.kkdotori.com
**블로그** blog.naver.com/kkdotory
**페이스북** facebook.com/kkdotory
**인스타그램** instagram.com/kkdotori

ⓒ 서해경·이경석, 2019
ISBN 978-89-98973-49-0 74300
　　　978-89-98973-21-6(세트)

| 어린이제품안전특별법에 의해 제품표시 | |
|---|---|
| **제조자명** 키큰도토리 | **전화번호** 070-4233-0552 |
| **제조국명** 대한민국 | **주소** 경기도 고양시 덕양구 청초로 66, B-617호 |
| **사용연령** 만 9세 이상 어린이 제품 | |

"이 도서는 한국출판문화산업진흥원 2019년 우수출판콘텐츠 제작 지원 사업 선정작입니다."

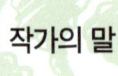 | 작가의 말 |

　오성시는 논과 밭, 바다와 산이 사이좋게 어우러진 덕분에 신선한 농산물과 해산물, 축산물이 풍부한 곳이에요. 이 오성시에 '통클럽'이란 동호회가 있어요. 통클럽은 먹거리를 좋아하는 몸무게 100kg 이상인 사람만 가입할 수 있죠.
　이 통클럽 회원들이 바로 〈통신문〉의 기자들이에요. 유별나게 정의롭고, 오성시를 사랑하는 통클럽 회원 몇 사람이 의기투합하여 〈통신문〉을 만들었답니다.
　〈통신문〉 기자들은 시민이 행복한 오성시, 정의가 상식처럼 흐르는 오성시를 만들기 위해, 집요하게 오성시의 문제를 찾아서, 시민들에게 진실을 알리죠.

오늘도 통신문 기자들은 특집 기사를 준비하고 있었어요. 그런데 갑자기 쾅, 하는 요란한 소리가 들리더니 몸이 흔들렸죠. 강도 5.5의 지진이 오성시를 강타한 거예요.

통신문은 '한국, 지진에 안전한가?'를 특집 기사 주제로 정했어요. 그래서 기자들은 한국의 지형에 대해 취재를 합니다. 한국의 지형을 알아야 왜 지진이 발생했는지, 앞으로 지진이 일어날 위험이 있는지, 또 지진이 일어나면 그 피해는 어느 정도일지 알 수 있으니까요.

통신문 기자들이 지진으로 부상을 당해서, 이번엔 어린이신문 황송하지 기자가 한국 지형을 취재합니다.


여러분 중에도 지진을 경험한 친구들이 있을 거예요. 그동안 지진은 옆 나라 일본에서나 발생하는 재해라 생각했어요. 하지만 경주와 포항 등에서 강한 지진이 있었고 그 피해도 컸지요. 지진은 자연재해라고만 생각했는데, 사람이 일으킬 수도 있다는 사실도 알게 되었죠.

자연재해를 막을 수는 없더라도, 사람이 지진을 일으키는 실수는 하지 말아야겠지요? 그러기 위해서 지형뿐 아니라 지형의 역사를 잘 알아야 합니다. 또 그래야 재해를 대비할 수도 있습니다.

　황송하지는 취재를 하며, 한국이 있는 한반도가 얼마나 오랜 역사를 가진 땅인지, 왜 지금과 같은 모습이 되었는지 알아갑니다. 지형에 따라 사람이 생활하는 모습이 달라진다는 것을 알게 되죠. 무엇보다 한국이 참 아름다운 곳이라는 것을 깨닫습니다.

　여러분은 어떤 지형에서 살고 있나요? 창밖으로 낮은 산이

보이나요? 마을 앞에 큰 강이 흐르나요? 멀리 울퉁불퉁한 화강암 산이 솟아 있나요? 바닷가 혹은 화산 지형에서 살고 있나요? 여러분이 밟고 있는 땅과 흙이 얼마나 오래된 것인지 알고 있나요? 내가 사는 곳이, 수만 년 전엔 오징어와 고등어, 해초가 살던 바다였던 것은 아닐까요?

황송하지는 한국의 지형을 취재하며, 왜 한국에 지진이 발생했는지 알게 될까요? 자, 우리도 황송하지와 함께 취재를 시작해 볼까요?

서해경

차례

작가의 말
-6-

프롤로그
-12-

**발간 6일 전 ❶**
통신문 최대 위기,
지진이 몰고 오다
-지진이란?-
-19-

**발간 6일 전 ❷**
부글부글
끓고 있는 지구
-지구 속의 구조-
-39-

**발간 5일 전 ❶**
지구의 변신은
계속된다, 쭉!
-지형이란?-
-57-

**발간 5일 전 ❷**
울퉁불퉁 돌산과
엄마 품처럼
포근한 흙산
-한반도의 다양한 산지 지형-
-73-

| 프롤로그 |

"아, 어지러워."

통신문의 여름 특집호 기획 회의를 하다 말고 호리병이 양손으로 관자놀이를 지그시 눌렀다. 집요하게 취재하는 근성과 달리, 호리병의 말투는 듣기만 해도 하품이 쏟아지고 눈이 감겼다.

"아~함! 호 기자, 당 떨어졌네, 당 떨어졌어. 요즘 뻥튀기 다이어트를 너무 심하게 한 거 아니야?"

통대장이란 별명으로 불리는 황소가 두 팔을 뒤로 쭉 뻗으며 하품을 했다.

"내 초콜릿이라도 먹을래요?"

제갈윤이 늘 책상 위에 쌓아 두는 초콜릿을 호리병에게 건넸다.

"나도 하나만 줘."

잠입 취재의 달인, 한별님도 초콜릿을 집었다.

그때 어디선가 쾅, 하는 요란한 소리가 들리더니 통신문사 사무실이 흔들렸다. 기자들이 앉은, 바퀴 달린 의자가 오른쪽으로 스르륵 밀려갔다가, 다시 왼쪽으로 밀려왔다. 책상도 조금씩 밀려갔다. 책상 서랍이 덜컹이며 조금씩 앞으로 튀어나오고, 책장에 꽂아 둔 책들이 들썩이며 앞으로 밀려나왔다. 활짝 열어둔 유리창도 부르르 떨렸다.

"지진입니다!"

한별님이 의자에서 벌떡 일어나며 소리쳤다.

의자가 밀려가지 않도록 두 발에 힘을 꽉 주고 있던 황소도 일어났다. 가벼워진 의자는 스르륵 밀려가다 벽에 부딪혀 요란한 소리를 내며 넘어졌다.

"띠링. 우우웅. 문자 왔슝. 받아라, 문자다!"

기자들의 휴대 전화가 동시에 울렸다.

"누가 우리 모두한테 문자를 보낸 거지?"

황소가 휴대 전화를 꺼내려고 주머니에 손을 넣었다.

"모두 책상 아래로 피해요!"

제갈윤이 외쳤다.

황소, 한별님, 호리병, 제갈윤은 각자의 책상 아래로 몸을 피하려 했다. 하지만 100kg이 넘는 사람만 가입할 수 있는 통클럽의 회원답게, 기자들은 책상 아래로 몸을 밀어 넣기는 커녕 바닥에 쭈그리고 앉기도 힘들었다.

"띠링. 우우웅. 문자왔슝. 문자다, 받아라!"

조금 전처럼 기자들에게 동시에 문자가 또 도착했다. 황소가 책상 밑으로 엉거주춤 머리만 밀어 넣은 자세로, 휴대 전화를 꺼냈다.

"이 난리통에 누가 자꾸 문자를 보내는 거야? 아, 아주 중요한 제보거리가 있나 보군."

"아, 지진보다 엄청난 제보가 있을까요?"

말은 이렇게 하면서도, 호리병도 문자를 확인했다.

'오늘 오후 2시 26분. 오성시 북쪽 인근에서 강도 5.5의 지진 발생……'

문자를 확인하는 사이, 거짓말처럼 흔들림이 멈췄다. 기자들은 후다닥 책상 밑에서 기어 나왔다.

"책상 밑에서 기다려야 합니다. 금방 여진이 올 수도 있습니다."

하지만 아무도 제갈윤의 말을 듣지 않았다.

진동이 멈춘 사이, 황소는 초코, 딸기, 바닐라, 치즈 아이스크림을 보관한 냉장고를 향해 달려갔다. 딸기 아이스크림을 가득 입에 넣은 채, 바닐라 아이스크림 통을 열었다. 물론 초코와 치즈 아이스크림도 다 먹을 참이었다.

호리병은 책장 앞으로 달렸다. 가슴께까지 오는 거대한 뻥튀기 봉투가 바닥에 넘어져 있었다. 뻥튀기 봉투를 옆구리에 끼고, 책장 아래 서랍에 넣어 둔 초코칩 쿠키 상자와 막대 사탕이 100개쯤 들어 있는 통도 꺼냈다. 다이어트에 성공해서 몸무게가 99kg이 되면, 성공을 축하하며 먹을 간식이다.

한별님은 무서운 기세로 사무실 밖으로 달려 나갔다.

"한 기자님, 진동이 끝날 때까지 기다리세요."

제갈윤이 한별님을 불렀지만, 한별님은 뒤도 돌아보지 않고 정신없이 계단을 달려 내려갔다.

"내 차 트렁크에 여수 쥐포가 있다고! 구출해야 돼!"

제갈윤은 지진이 났는데도 먹을 것만 챙기는 기자들을 보며 한숨을 쉬었다. 그때 제갈윤의 눈이 번쩍 뜨였다. 늘 책상 한구석에 두 줄로 쌓아 둔 초콜릿들이 책상 위에 널브러져 있었다. 제갈윤은 경악하며 초콜릿을 양 주머니에 집어넣었다.

그때 다시 사무실이 흔들렸다. 책장이 앞으로 흔들렸다. 조금 전 본진 때, 앞으로 쏠린 책들이 다시 스르륵, 앞으로 기울었다. 책장 앞에는, 상자를 열어 초코칩 쿠키가 무사한지 살피던 호리병이 앉아 있었다.

"호리병!"

황소가 호리병을 보호하려고 높이 뛰어올랐다. 128kg이란 몸무게가 믿기지 않을 만큼 날렵한 몸놀림이었다.

"악!"

느리고 살짝 느끼하게 '아'를 즐겨 말하던 호리병답지 않게, 짧고 커다란 감탄사가, 아니 비명이 튀어나왔다.

호리병이 황소에게 깔리고, 황소는 책장에 머리를 부딪쳤다. 책장이 뒤로 넘어가다, 다시 앞으로 휘청거렸다. 동시에 책장 유리문이 획 열렸다. 책들이 우르르 쏟아지며 호리병과 황소를 덮쳤다.

같은 시각, 자동차 트렁크에서 쥐포를 구출한 한별님은 한숨을 놓았다. 두툼하고 쫄깃한 여수 쥐포는 무사했다. 한별님은 쥐포를 품에 안고 흐뭇하게 통신문사 건물로 다시 들어갔다. 현관에 한 발을 딛는 순간, 뒷목에 서늘한 바람을 느꼈다.

쿵.

건물에 대롱거리던 '바삭바삭 치킨' 간판이 한별님을 덮쳤다.

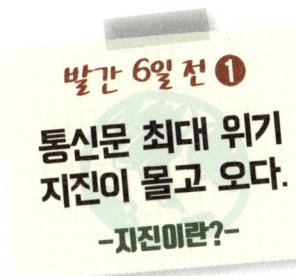

"아빠, 우리 학교에 지진이 일어났어요!"

통신문의 취재 부장이자 통클럽의 회장인 황소의 외동딸 황송하지가 신문사 문을 벌컥 열며 소리쳤다. 텅 빈 사무실엔 제갈윤만이 난장판이 된 사무실을 정리하고 있었다.

"하지야, 다친 데 없니?"

"당연히 없죠. 국어 시간에 갑자기 교실이 흔들렸거든요."

황송하지가 엉덩이를 좌우로 실룩거렸다.

"엄청 신기했어요. 반 친구들이 막 비명을 지르고 지민이는 '엄마!' 이러면서 울고요. 담임 선생님이 얼른 책상 밑으로 들어가서 책상 다리를 잡으라고 해서, 그렇게 했어요. 아, 팔로 머리도 감쌌어요. 책상 다리도 잡고 머리도 감싸느라 팔이 고생했죠."

"담임 선생님이 지진에 잘 대처하셨구나. 우리보다 낫네."

"그게 무슨 말이에요? 어, 아빠랑 다른 기자님들은 지진 취재 갔어요?"

"말도 마라."

제갈윤이 고개를 저었다.


"이번 지진은 오성시 최악의 재난이었다."

황소가 매운맛 닭다리를 물어뜯으며 침통하게 중얼거렸다.

"이번 지진은 통신문 최대 위기입니다."

한별님이 바비큐 닭가슴살을 소금에 찍으며 고개를 저었다.

"아, 이번 주엔 통신문 발행을 쉬어야 할까요?"

호리병이 마늘 소스 닭 날개 두 개를 양손에 잡으며 한숨을 쉬었다.

"무슨 소리! 우리 통신문의 신조가 뭔가? '비가 와도, 눈이 와도, 태풍이 몰아쳐도 제시간에 주간지를 발행하는 것을 목숨처럼 지킨다.'잖아."

"그렇지만 우리가 여기 있으니 취재할 기자가 없습니다."

한별님이 주위를 둘러보며 말했다.

황소, 한별님, 호리병은 통뼈 정형외과에 입원했다. 제갈윤이 바삭바삭 치킨 네 상자를 포장해 와서, 아침과 점심 사이의 간식으로 각자 한 상자씩 먹는 중이었다.

"음."

황소가 깨끗이 비운 치킨 상자를 납작하게 접으며 신음했다.

"할 수 없지. 이번 호는 제갈윤 기자가 맡는 수밖에. 내용은 '지진과 아름다운 우리 강산', 어때?"

"아, 좋아요. 땅속을 집요하게 파고들어 가서 지진이 시작된 지점을 사진으로 찍어 와야죠."

호리병이 취재할 내용을 더했다.

"다음번엔 지진이 어디에서, 언제, 얼마나 센 지진이 일어날지를 예측하는 기사도 필요합니다."

한별님도 덧붙였다.

"무엇보다 우리나라 지형을 소개해야죠. 지진이랑 우리나라 지형이 어떤 관련이 있는지가 중요하니까요."

"워워. 진정하십시오."

황소, 호리병이 흥분해서 취재할 내용을 앞다퉈 말하자, 한별 님이 두 사람을 진정시켰다. 제갈윤은 한숨을 쉬었다.

"저는 취재를 해 본 적이 없습니다. 전 편집 기자입니다."

"그럼, 오성시 어린이신문 기자인 황송하지와 취재를 하게."

"하지만 황송하지는······."

"오성시 어린이신문의 취재 기자입니다."

병실문 사이로, 황송하지가 머리를 쏙 내밀며 외쳤다.

"다들 걱정하지 말아요. 저만 딱, 믿으라니까요. 하하하!"

황송하지가 양손을 볼록 나온 허리에 척 올리곤 어깨를 들썩이며 웃었다. 황소는 얼굴 가득 미소를 지으며, 고개를 끄덕였다. 에휴. 통신문 기자들은 왠지 한숨이 나왔다. 특히 제갈윤은 깊은 한숨이 절로 났다. 통신문 역사상, 최악의 상황이 발생한 것만은 분명했다.

"제 친구가 지리학자예요. 분명히 도움이 될 거예요. 전화번

호가…….”

호리병이 기름 묻은 손가락을 휴지로 닦은 뒤, 휴대 전화 주소록을 찾았다.

"당장 취재를 시작하겠습니다. 가시죠, 제갈윤 기자님!"

황송하지가 병실 문을 박차고 나갔다. 제갈윤이 한숨을 쉬며, 황송하지를 따라나섰다.

제갈윤이 남긴 후라이드 치킨 한 조각을 황소가 잽싸게 집으며 말했다.

"저 친구, 정신이 없군!"


한 시간 뒤, 황송하지와 제갈윤, 지형학은 대동고등학교 빈 교실에 모였다.

"마침 여름 방학이라, 시간을 낼 수 있었어요."

"저도 지진 때문에 이번 주까지는 특별 활동이 없어요. 그래서 시간을 낼 수 있었어요."

황송하지가 자신의 말에 맞춰 말하자, 지형학이 미소를 지었다.

"호리병에게, 지진과 한국 지형에 대한 기사를 쓴다고 들었어요. 제가 도움이 될지 모르겠네요."

"분명히 도움이 될 것입니다. 도와주신다니 감사합니다."

제갈윤이 90도로 허리를 숙여 인사했다.

"선생님, 지진은 땅이 흔들리는 거죠?"

황송하지가 제갈윤과 지형학 사이에 쏙 끼어들며 물었다.

"지진은 지구에서 일어나는 가장 무서운 자연재해야. 단 한 번의 지진이 마을을 파괴하고, 수십만 명의 목숨을 빼앗기도 하거든."

"진짜요? 어휴, 지진은 재밌는 게 아니라 엄청 무서운 거구나."

"그동안 지진은 옆 나라 일본에서나 일어난다고 생각했습니다. 하지만 최근 들어 우리나라에 꽤 강한 지진이 이어지고 있습니다."

제갈윤이 말했다.

"이번에 오성시를 강타한 지진은 규모가 5.5예요. 오성시의 지진은 멀리 서울에서도 느꼈을 만큼 규모가 컸어요. 2004년

울진에 5.2, 2016년 경주에 5.8 규모의 지진이 있었죠. 지진은 이제 남의 나라 일이 아니에요."

"질문 있습니다."

황송하지는 지형학의 강의 내용을 기자 수첩에 빼곡히 적다가 궁금해졌다.

"규모란 크기를 말하는 거잖아요. 그런데 지진은 눈에 안 보이는데 어떻게 규모를 아나요?"

"그런 예리한 질문, 아주 좋아!"

지형학이 황송하지의 질문에 흥분한 듯, 눈을 번뜩이며 자리에서 일어섰다.

"'숙련된 조교, 앞으로'가 아니지. 숙련된 조교는 아니지. 아니, 아니, 조교도 아니지."

지형학이 제갈윤에게 손짓 하더니, 이내 고개를 저으며 혼잣말을 했다. 황송하지는 지형학이 살짝 무서워졌다. 혼잣말을 중얼거리는 지형학 옆으로 제갈윤이 다가가 섰다. 그러자 갑자기 지형학이 제갈윤의 등을 아주 세게 내리쳤다. 제갈윤의 등에서 퍽, 하는 소리가 나고, 입에선 윽, 하는 소리가 났다.

"보이지 않는 지진의 규모는 이것과 비슷해요. 자, 얼마나 아픈지를 숫자로 표현해 봐요."

"3이요."

제갈윤이 등을 문지르며 대답했다.

"한 번 더……."

지형학은 이번엔 살짝 때렸다. 툭 하는 소리가 났다.

"얼마나 아팠어요?"

"1 정도……?"

"내가 제갈 기자의 등을 때리는 모습은 보이지만, 때리는 힘은 보이지 않아. 하지만 분명히 힘이 있지. 제갈 기자의 등이 아팠으니까. 그 힘이 지진의 규모와 같아. 그리고 제갈 기자가 얼마나 아팠는지, 다시 말하면, 제갈 기자가 느낀 힘의 세기를 지진의 진도라고 해. 제갈 기자님, 내가 때린 곳이 제일 아프고 그 옆으로 갈수록 덜 아팠을 거예요. 그렇죠?"

지형학이 눈만 껌벅이며 어리둥절해 있는 제갈윤의 얼굴에 자기 얼굴을 바짝 들이댔다. 제갈윤은 흠칫, 한 걸음 뒤로 물러섰다가 이내 고개를 끄덕였다.

"아픈 정도를 숫자로 표현한 것이 지진의 진도랍니다."

지형학이 단호하게 고개를 끄덕였다. 그러더니 갑자기 두 손으로 양 볼을 감싸며 고개를 저었다.

"어머, 내가 지금 무슨 짓을……. 죄송해요. 나는 훌륭한 질문을 받으면 흥분해요."

황송하지는 지형학이 다시 살짝 무서워졌다. 하지만 기자 수첩에 보고 들은 것을 꼼꼼하게 적었다.

"아! 지금 떠오른 사실인데, 내가 점심을 안 먹었네요. 배고프다."

지형학은 또다시 눈을 번뜩이며 가방을 챙겼다. 오늘따라 왠지 어리벙벙해 보이는 제갈윤과 항상 똘똘한 황송하지도 가방을 챙겨 지형학을 뒤따랐다.

대동고등학교는 이번 지진에 가장 큰 피해를 입은 오성시 북면에 있다. 들꽃유치원, 대동초등학교, 대동중학교, 대동고등학교가 나란히 있다. 맞은편에는 분식도 파는 문구점과 피아노 학원, 태권도 학원, 편의점 등이 있는 작은 상가 건물이 있다. 그 뒤로 7층 높이의 아파트 단지가 있지만, 주변엔 오래된 주택들이 늘어선 동네다. 군데군데 보이는 공터엔 상추와 고추, 파, 땅콩 등이 심겨 있었다.

교문을 나서자, 주택의 담이 무너져 벽돌들이 길에 널브러져 있는 것이 보였다. 주차된 차들도 벽돌과 흙먼지를 뒤집어 쓴 채였다. 금이 간 집도 많았다. 낡은 건물 중 하나는 피사의 사탑처럼 옆으로 기울어져 있어서 금방이라도 쓰러질 듯했다. 길에는 오가는 사람이 없고, 편의점 주인만 깨진 유리 조각을 쓸어 담고 있었다. 제갈윤이 지진으로 무너진 마을의 모습을 사진기로 찍었다.

"아줌마, 병이 다 깨졌네요."

황송하지가 편의점 주인에게 말을 걸었다. 주인은 힐끔 황송하지를 보다, 카메라를 목에 건 제갈윤을 발견하곤 비질을 멈췄다.

"통신문에서 나왔수?"

"네, 아주머니."

"아휴, 잘 왔어요. 내가 너무 황당하고, 기가 막히고, 겁이 난다니까. 51년 인생에 최악의 날이었어."

"다친 분은 없으세요?"

"아휴, 하필 우리 아르바이트하는 학생이 진열대에서 상품을 진열하느라 쭈그리고 앉았는데 땅이 흔들린 거야. 아휴, 하필 그 진열대에 통조림이 가득 진열되어 있었지. 아휴, 하필 통조림 중에서 제일 큰 파인애플 통조림이 떨어져서……. 병원에서 열두 바늘이나 꿰맸어. 그래서 며칠 푹 쉬라고 했지."

"그래도 그만하길 다행입니다."

"그렇지. 집이 무너진 사람도 있고, 대피 시설에 있는 사람도 많은데……. 아휴, 하필 이 더위에 이게 무슨 일이래. 통신문에서 이번 지진에 대해 사람들한테 잘 알려 줘. 여기만 지진이 나겠어?"

"네. 열심히 알리겠습니다. 수고하세요."

세 사람은 인사를 하고 점심을 먹으러 갔다.

**이번에 지진이 나서 지진 '규모'라는 말을 처음 들었어요. 지진과 관련된 다른 말도 있나요?**

지진은 땅이 흔들리고 갈라지는 거야. 무언가가 흔들리는 걸 진동이라고 하지? 그런데 뭔가가 흔들리거나 갈라지려면 힘이 있어야 해. 나뭇잎이 흔들리는 건, 바람이라는 힘이 나뭇잎을 건드리기 때문이야. 내가 연못에 돌멩이를 던지면 돌멩이가 떨어진 곳을 둘러싸고 물결이 출렁이며 사방으로 퍼지지. 물결이 출렁이는 이유는, 내가 돌멩이를 던진 힘 때문이야.

돌멩이가 연못에 풍덩 떨어진 곳이 물결을 일으키는 장소지? 그처럼 지진도 처음 시작된 곳이 있어. 그 장소를 '진원'이라고 해. 진원에서부터 진동이 시작되어 땅속과 땅 위, 사방으로 퍼지지.

지진은 땅속에서 일어나잖아. 지진이 시작된 곳에서 땅 위까지 세로로 줄을 그으면, 땅 위의 어느 장소가 나오겠지? 그곳을 '진앙'이라고 해. 진원은 땅속, 그 위에 나란히 진앙이 있는 거지. 진앙은 진동을 가장 세게 느끼는 곳이야. 진동은 지진이 시작된 곳에서 멀어질수록, 즉 진원에서 멀어질수록 작아져. 연못에 돌멩이를 던지면

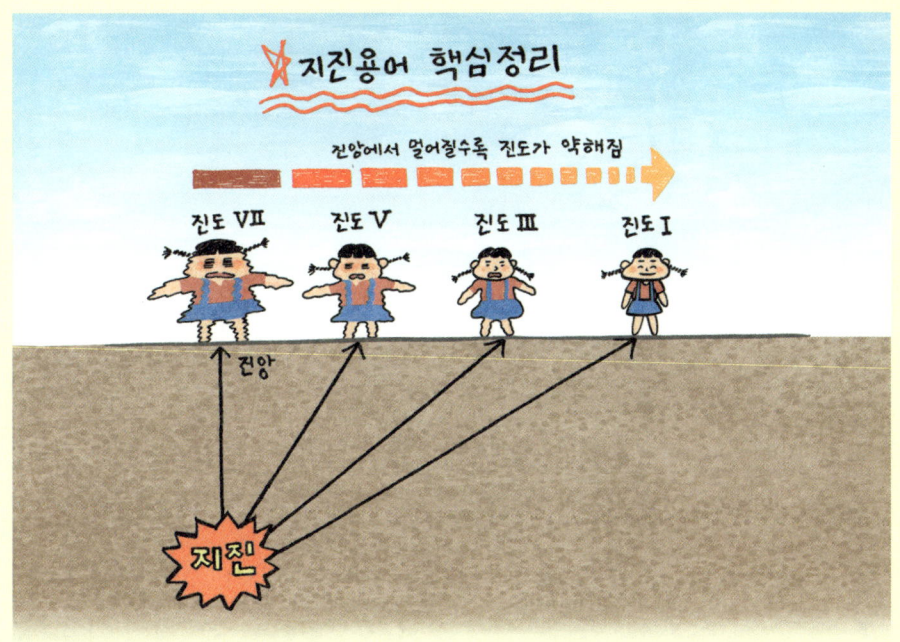

돌맹이가 빠진 곳은 물살이 높게 일지만 점점 멀어질수록 물살이 잔잔하게 퍼지잖아. 진앙에서 가장 세게 흔들리고, 멀어질수록 덜 흔들리지.

경주에서 지진이 났을 때, 경주에서는 건물이 무너지거나 벽에 금이 갈 정도였지만, 서울은 땅이 살짝 흔들린 것 같은 느낌만 있었거든. 이처럼 어느 장소에 있는지에 따라 사람이 느끼는 진동의 크기는 달라. 이것을 지진의 '진도'라고 해.

진도는 사람이 얼마나 지진의 진동을 느꼈는지, 건물이나 도로 등이 얼마나 크게 피해를 입었는지로 결정해. 그래서 진도는 어디에서 재느냐에 따라 크기가 달라지지.

진도의 크기는 제일 약한 1부터 12까지로 표시해. 진도 1, 2 정도의 지진은 대부분의 사람들이 느끼지 못해. 하지만 5, 6……12인 진도는 아주아주 위험할 수 있어. 그리고 똑같은 지진이라도 장소에 따라 피해가 달라지지. 지진에 견딜 수 있게 지은 건물은 다른 건물보다 지진에 더 잘 견디고, 사람, 동식물이 많지 않은 곳은 피해가 적지. 참, 진도는 규모와 혼동되지 않게 로마 숫자로 표시해. Ⅰ, Ⅱ, Ⅲ, Ⅸ……(1~12단계)까지야. 진도의 단계에 대해서는 아래에서 알아보자.

　본문에서 지진의 '규모'를 알아봤지? 지진의 '규모'를 연못과 돌멩이로 다시 정리해 볼게. 연못에 돌멩이를 더 세게 던질수록 물결은 더 크게, 더 멀리 퍼지지. 지진도 매번 크기가 달라. 돌멩이를 던진 힘, 그러니까 지진을 일으킨 힘의 크기를 규모라고 해. 제일 작은 힘은 0, 제일 센 힘은 9야. 진도와 달리 규모는 어느 장소에서 측정해도 같기 때문에, 오성에서 발생한 지진의 규모가 5.5라면, 어느 곳에서 지진의 규모를 재도 5.5야. 오성의 지진을 땅끝마을에서 재도 5.5가 나오지.

**　오성에 발생한 지진은 규모가 5.5래요. 5.5인데도 건물 벽에 금이 가고 담벼락이 무너졌어요. 진열한 상품이 바닥으로 떨어지고 책상, 옷장이 앞으로 밀려 나왔죠. 지진은 얼마나 힘이 센 건가요?**

　그동안 한반도는 큰 지진이 발생하지 않는 곳이라 생각했어. 옆 나

★ 지진은 보이지 않고 강력하므로 미리미리 대비해야 함

라 일본에서 지진이 발생했다는 뉴스를 보는 정도였으니까. 그래서 지진이 발생했을 때 어떤 일이 벌어지는지도 잘 모르는 사람이 많아.

 땅이 흔들리면 그 위에 세운 건물이 흔들려. 벽이 갈라지고, 심하면 기울어지고 무너지기도 하지. 땅 위의 건물만 영향을 받는 것이 아니야. 땅속에서 더 큰 문제가 생길 수 있지. 우리가 사용하는 도시 가스, 마시는 물은 땅속에 묻은 관으로 운반하거든. 전기선도 있고, 석유도 땅속에 보관하지.

 미국 샌프란시스코에 지진이 났을 때는 가스관에서 샌 가스에 불이 붙어서 온 도시가 잿더미가 되었어. 수도관도 지진에 터져 버려서 물로 불을 끌 수도 없었어.

 지진 때문에 산이 흔들리면서 산사태가 생길 수도 있어. 댐이 무너져서 물이 터져 나와 마을을 덮칠 수도 있지. 실제로 중국과 인도에서는 댐이 무너져서 엄청난 양의 물이 댐 주변의 마을을 덮쳤어. 불과 수십 초만에 말이야.

지진은 바다를 흔들어서 해일을 일으키기도 해. 연못에 던진 돌멩이가 물살을 일으키듯, 바닷속에서 생긴 지진은 파도를 일으켜. 육지에 가까울수록 바다가 얕아지기 때문에, 파도는 육지에 가까워질수록 더 높아지지. 바닷속에서 지진이 발생하거나 화산이 폭발할 때, 혹은 바다 폭풍 등으로 갑자기 큰 파도가 육지를 덮치는 현상을 해일이라고 해. 지진이 만든 해일을 지진 해일, 혹은 쓰나미라고 하지. 일본에서는 해일을 쓰나미라고 부르는데, 일본에서 쓰나미가 자주 발생하기 때문에 다른 나라에서도 해일을 쓰나미라고 부르게 됐어.

2004년 인도네시아 수마트라에 높이가 30m나 되는 쓰나미가 덮쳤어. 이 쓰나미는 약 8,000km나 떨어진 아프리카까지 밀려들었어. 12개 나라가 이 쓰나미에 피해를 입었고, 목숨을 잃은 사람도 23만여 명이나 되었지.

2011년에는 옆 나라 일본에서 규모가 9.0인 지진이 발생했어. 동시에 쓰나미도 발생했지. 그 때문에 일본 후쿠시마 원자력 발전소에서 폭발이 있었고, 방사능이 새어 나왔어. 땅과 바다가 방사능에 오염되었고, 사망하거나 실종된 사람도 2만 명이 훨씬 넘었어. 주변 땅과 바다가 방사능 물질에 오염되어서 지금까지도 기형인 동물이 태어나고 기형인 식물이 자라고 있지.

최근엔 우리나라에서도 지진 규모가 5.0이 넘는 지진이 발생하고 있어. 경주에서 규모 5.8인 지진이 발생해 수십 명이 다치고 건물과 도로가 무너져 많은 피해를 입었지.

그런데 2016년 국민안전처가 서울에서 규모가 6.5인 지진이 나면, 얼마나 큰 피해를 입게 될지 모의실험을 했어. 실험 결과는 무시무시했지. 사망자가 1만 2천여 명, 부상자는 11만 명에, 38만 채가 넘는 건물이 무너질 거라는 결과가 나왔거든. 규모가 6.0인 경우도 실험했는데, 사망자가 1,400명 정도일 거라고 해.

규모의 차이가 0.5일 뿐인데, 피해 결과는 매우 심하게 차이가 나지? 지진의 규모가 1.0이 증가할 때마다 지진의 힘이 32배씩 커지기 때문이야. 그만큼 사람이 느끼는 진도에도 영향을 줘. 또 같은 규모의 지진이라도, 우리나라의 인구 절반이 모여 사는 서울, 수도권에서는 훨씬 피해가 크지.

### 이것만은 기억하자!

**지진은 지구 속의 어떤 힘 때문에 땅이 흔들리는 것이다.**

1. 진원은 지진이 시작된 장소이다.
2. 진앙은, 진원에서 땅 표면까지 세로로 줄을 그었을 때 도달하는 지점이다.
3. 진앙은 지진이 발생했을 때, 진동이 가장 센 곳이다.

## 황송하지의 취재자료

우리나라는 지진의 진도를 수정 메르칼리 진도 계급에 따라 12단계로 나누고 있어. 각 단계마다 어떤 일이 벌어지는지 알아봤어.

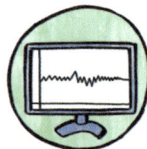 **진도 I** 미세한 지진으로 지진계에는 기록되지만 사람들은 거의 느끼지 못해.

 **진도 II** 매달린 물체가 약하게 흔들리며 몇몇 사람들만 느껴.

 **진도 III** 실내에서 흔들림이 확실하게 느껴져.

 **진도 IV** 정지하고 있는 자동차가 움직이며 집안의 물건이 많이 움직여.

 **진도 V** 건물 전체가 흔들리며 창문, 그릇 등이 깨지기도 해.

 **진도 VI** 모든 사람들이 느끼며 무거운 가구가 움직여.

 **진도 VII** 서 있기 어렵고 약한 벽과 담장이 무너져.

 **진도 VIII** 튼튼한 벽이 무너지고 굴뚝과 탑도 무너져.

 **진도 IX** 땅이 갈라지고 건물이 심하게 파괴돼.

 **진도 X** 튼튼한 건물이 대부분 무너지고 도로의 아스팔트가 갈라져.

 **진도 XI** 건물과 도로가 거의 다 파괴되며 다리가 무너져.

 **진도 XII** 땅이 파도처럼 움직이며 모든 것이 다 파괴돼.

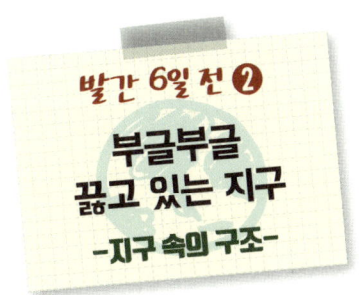

"아이고, 어서들 와요."

갈치조림 가게에 들어서자, 주인이 달려 나오며 반겼다.

"여긴 좀 어떻습니까? 지진 피해는 없으셨습니까?"

제갈윤이 물었다.

"이 건물은 내진 설계인가 뭔가를 해서 튼튼하대요. 근데 손님은 뚝 끊겼어요. 여진이 무서워서 그런다나. 하긴 나도 지진을 겪고 나니 별일도 아닌데 깜짝깜짝 놀란다니까."

주인이 가슴에 손을 얹었다.

"저희가 조금 오래 있어도 되겠습니까? 할 얘기가 좀 많아서요."

"그럼요. 손님도 없는데, 맘 편히 있어요."

"고맙습니다. 저희, 갈치조림 이 인분, 갈치구이 이 인분 주세요."

황송하지와 제갈윤은 이미 점심을 먹었지만, 또 먹을 수 있다.


"선생님, 지진은 왜 나나요?"

황송하지가 기자 수첩에 적은 내용을 읽다가, 지형학에게 물었다. 아빠와 한별님, 호리병을 대신해서 취재를 한다고 생각하니, 먹을 것 앞에서도 책임감이 불타올랐다.

지형학은 접시에 담긴 삶은 달걀을 집어 들었다. 그리고 살짝 손에 힘을 주었다. 달걀 껍데기는 가늘게 금이 가며 여러 조각으로 나뉘었다.

"지구의 구조는 삶은 달걀과 비슷해. 속부터 꽉 차 있고, 여러 층으로 이루어졌지. 제일 안쪽부터 내핵, 외핵, 맨틀, 지각이야. 우리는 지각 위, 즉 달걀 껍데기 위에 사는 거야."

"지각이요? '하지야, 빨리 일어나. 학교에 지각하겠다.'라고 말할 때의 그 '지각'이요?"

황송하지가 지형학에게 물었다. 비엔나 소시지를 입에 넣고 싶은 마음을 겨우 참으며, 취재에 집중했다.

"하하하. 우리 하지, 농담도 참 잘하지."

제갈윤이 황송하지의 머리를 쓰다듬었다.

"농담 아닌데……."

황송하지가 제갈윤을 보며 눈을 껌벅였다. 그러다 냉큼 삶은 달걀을 집어서 껍질을 깼다.

"지형학 선생님. 그런데요, 달걀은 좀 이상한데요?"

흰자에 붙은 달걀 껍데기를 이로 떼어 버리며 황송하지가 말했다.

"이상해? 그 달걀 상했니? 먹지 마, 내 거 먹어."

제갈윤이 매끈하게 깐 달걀을 황송하지의 앞접시에 놓았다.

"안 상했어요."

황송하지가 달걀을 소금에 콕 찍어, 통째로 입에 넣고 우물거렸다.

"달걀 껍데기는 달걀 전체를 감싸고 있잖아요. 하지만 지각은 지구 전체를 감싸지 않아요. 지구엔 바다도 있으니까요."

"아니야. 바닷속에도 육지와 똑같이 땅이 있어. 쉽게 말하면, 지구는 몽땅, 단단한 암석으로 된 지각에 덮여 있는 거지. 지각 중에 움푹 팬 곳에 물이 고여 바다가 된 거야."

"아, 맞다! 하긴, 바닷속에 땅이 있어야 미역이 뿌리를 내리고 살겠구나."

황송하지가 고개를 끄덕였다.

"그런데 지각은 한 덩어리가 아니야. 아까 지형학 선생님이 말한 대로, 지각은 깨진 달걀 껍데기처럼 여러 조각으로 나뉘어 있지. 이런 지각의 조각을 판이라고 해."

제갈윤이 말했다.

"그런데 판은 지각의 조각만 부르는 것은 아니에요. 지각과 그 아래 있는 맨틀의 윗부분을 합쳐서 판이라고 하죠."

지형학이 제갈윤의 말을 고쳤다. 그러더니 휙 몸을 돌려 가방에서 세계 지도와 가위를 꺼냈다. 지형학이 세계 지도에서 각 대륙을 오리기 시작했다.

황송하지와 제갈윤은 지형학에게 조금 미안했지만, 달콤 짭조름한 갈치조림과 고소한 냄새를 마구 풍기는 갈치구이를 입에 넣는 순간, 젓가락질을 멈출 수 없었다.

제갈윤이 밥 두 공기를 다 먹은 것과 동시에, 지형학이 가위를 내려놓았다. 황송하지는 휴지로 제갈윤의 입가에 묻은 빨간 갈치조림 국물을 닦아 주었다.

"다 됐어요. 자, 이 조각들을 자세히 보면 대륙의 가장자리가 서로 잘 맞춰진다는 걸 알 수 있어요."

"판 구조론이죠."

제갈윤이 알은체했다.

지형학은 제갈윤에게 고개를 살짝 끄덕인 다음, 남아메리카 대륙의 동쪽과 아프리카 대륙의 서쪽 부분을 가까이 가져다 댔다. 두 대륙의 해안선이 꼭 맞았다. 다시 지형학이 아프리카 대륙의 북서쪽에 북아메리카 대륙 동쪽을 붙였다.

"와! 꼭 맞아요."

황송하지가 손뼉을 쳤다. 정말 신기했다.

지형학은 나머지 대륙도 계속 맞췄다. 다른 대륙들도 원래 하나의 대륙을 여러 조각으로 쪼갠 것처럼 서로 딱 맞았다.

"그렇지? 3억 년 전쯤에는 지구의 모든 대륙이 하나로 붙어 있었어. 그러다가 어떤 힘에 의해 서서히 멀어졌지."

"대륙이 막 움직였다고요?"

"응. 정확하게는 그 대륙이 속한 판이 움직이는 거야. 물론 지금도 판은 계속 움직이고 있어."

"얼마나 빨리 움직이는데요?"

"1년에 1cm에서 10cm 정도……."

"애걔."

"1년에 3cm를 움직인다고 하면, 2억 년 동안 6,000km 정도를 움직였겠군요."

제갈윤이 말했다.

"우아!"

황송하지 입에서 씹던 밥풀과 갈치 조각이 튀어나왔다. 이번엔 제갈윤이 황송하지 턱에 붙은 밥풀을 떼어 주었다. 지형학에겐 물컵을 건넸다. 밥풀이 묻건 말건, 황송하지는 기자 수첩에 지형학의 말을 열심히 받아 적었다.

"그런데 판이 움직이다 보면, 서로 부딪힐 수도 있고, 붙어 있던 판들이 서로 멀어지기도 해. 또 살짝 스쳐 지나갈 때도 있지."

지형학은 제갈윤이 건넨 물을 벌컥벌컥 마셨다. 그러고는 미지근하게 식은 밥을 한 숟가락 떠서 입에 넣었다.

"선생님, 판들이 움직이면 그 위의 땅도 움직여 지진이 생긴다는 건가요?"

지금까지 적은 내용을 쭉 읽고, 황송하지가 물었다. 지구의 구조와 판이 움직인다는 사실을 생각해 보니, 왠지 그래서 지

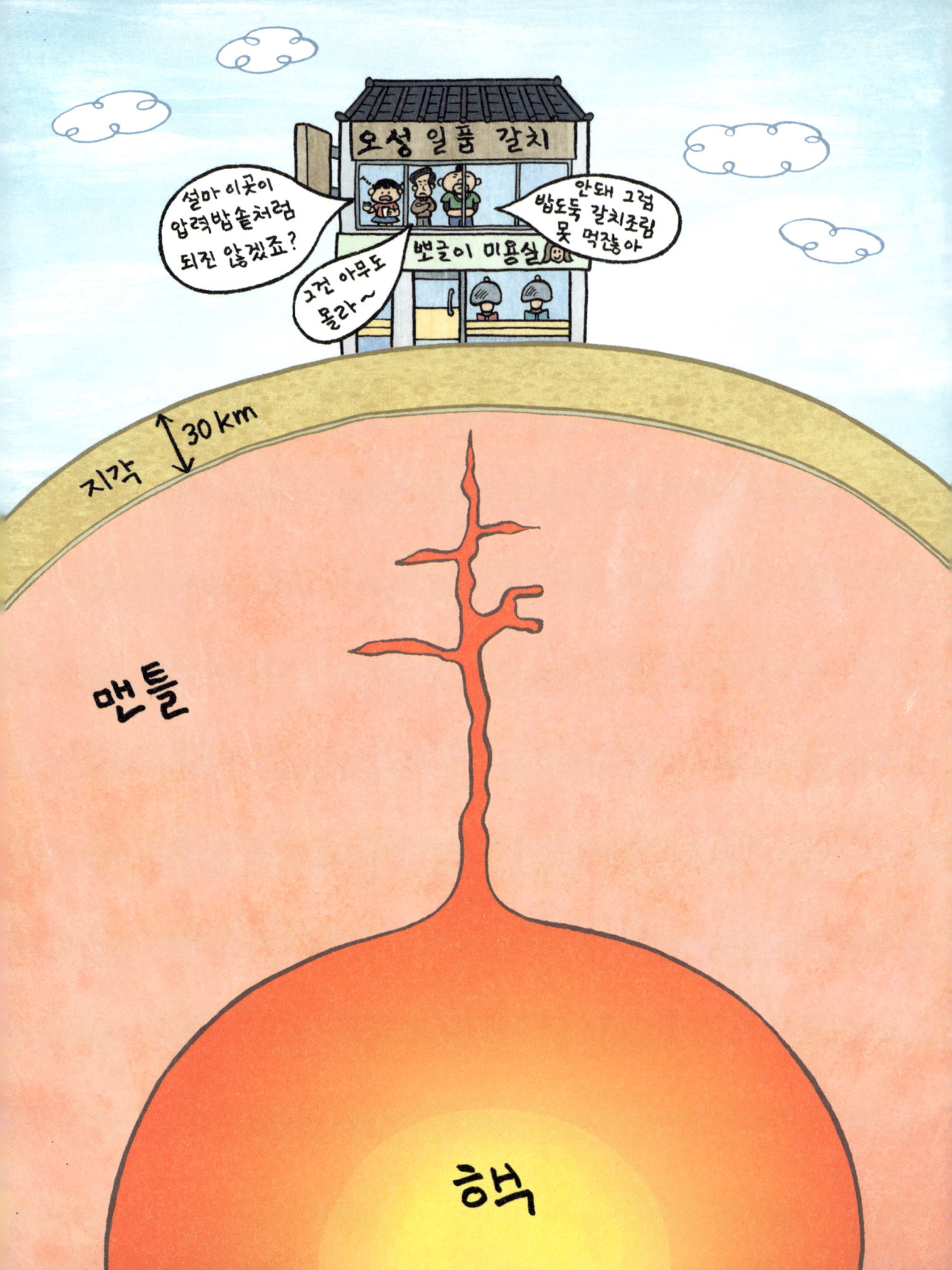

진이 나는 것 같았다.

"하지가 이해를 잘 하니, 하나만 더 알아보자. 지구 속은 아주 뜨거워. 땅속에서 올라온 용암을 보면 시뻘겋게 타고 있잖아."

"그럼 지구 표면도 뜨거워야 하잖아요. 안 뜨거운데?"

황송하지가 식당 바닥에 손을 대더니, 고개를 갸웃했다.

"여긴 2층이란다."

제갈윤이 지형학의 눈치를 보며, 황송하지에게 속삭였다.

"아니죠. 2층이라서가 아니라, 마그마가 맨틀에 있으니까 그렇죠. 참, 용암이 땅속에 있을 때는 마그마라 불려."

"맨틀이요? 어디선가 들어본 이름인데……."

황송하지가 고개를 살짝 기울이며 기억을 떠올렸다.

"체육 시간에 뛰어넘는 뜀틀이 아니라 맨틀이야."

제갈윤이 황송하지에게 귓엣말을 했다. 황송하지가 입 모양으로만 '아!'라며 고개를 끄덕였다. 지형학은 두 사람의 행동을 눈치채지 못한 채, 설명을 이어갔다.

"맨틀은 지각 아래 있어. 지각의 두께가 30km 정도야. 지구 속의 열이 지구 표면까지 올라오지 않게 지각이 막고 있지."

"음, 그래서 우리가 사는 지구 표면은 안 뜨겁구나."

"하지만 불 위에 올려놓은 압력 밥솥처럼 지구 속은 계속 들끓고 있어. 압력 밥솥을 계속 가열하면 어떻게 될까?"

"아마 폭발할걸요."

"맞아. 그래서 폭발하기 전에 압력 밥솥 뚜껑에 달린 추를 열어서 밥솥 안에 있는 압력을 밖으로 빼내지. 지구도 마찬가지야. 지각에서 가장 약한 부분을 뚫고 열이 올라오는데 그게 바로 마그마야."

"화산 폭발이죠!"

황송하지가 외쳤다. 지형학의 설명을 듣다 보니, 지구에 대해 점점 많이 알게 되는 것 같아서 신이 났다.

"제갈 기자님, 우리 내일부터 취재하죠? 으아아아! 빨리 내일이 됐으면 좋겠다."

황송하지가 몸을 흔들며 제갈윤에게 말했다.

지구의 구조가 지각 안에 맨틀, 그 속에 핵(외핵과 내핵)이 있다고 하셨죠? 그럼 지각, 맨틀, 외핵, 내핵은 어떻게 다른가요?

앞에서 지구가 삶은 달걀과 비슷하다고 했지? 달걀 껍데기 속에 흰자, 그 속에 노른자가 있는 것과 같다고 말이야. 둥근 암석 덩어리가 아니라, 왜 달걀 같다고 했을까? 그건 지구 속은 서로 성질이 다른 여러 층으로 나뉘기 때문이야. 물론 달걀과 달리 지구는 아주 커. 지구 표면에서 지구 중심까지의 거리는 약 6,400km야.

지구의 지각은 달걀 껍데기와 비슷해. 단단한 암석이 지구 전체를 둘러싸고 있지. 우리는 지각 위, 표면에서 살고 있어. 그중에서도 대륙 위에서 말이야.

달걀 속에 가장 많은 것이 바로 흰자지? 지구도 지각 아래에 있는 맨틀이 지구에서 가장 많은 부분을 차지하고 있어. 맨틀은 아주 무거운 암석층이야. 암석층이니, 지각처럼 단단한 고체일 것 같지? 하지만 사실 맨틀은 물렁물렁한 암석층이야.

암석이 어떻게 물렁물렁하냐고? 그 이유는 맨틀이 암석을 녹일 만큼 뜨겁기 때문이야. 단단하게 굳은 떡을 따뜻하게 데우면 말랑말랑

해지지? 그것처럼 맨틀도 물렁거려. 물론 손가락으로 쑥 눌러 볼 생각은 하지 말자. 떡과는 달리, 맨틀은 엄청나게 뜨거우니까 말이야.

화산이 폭발하면 용암이 나오는데, 그 용암은 다른 이름이 있어. 바로 마그마란다. 땅속에 있을 때는 마그마, 땅 위로 올라오면 용암이라고 부르지. 마그마는 맨틀 속 어딘가에 고여 있다가 지구 표면까지 올라와.

맨틀 속엔, 달걀 노른자처럼 핵이 있어. 핵은 다시 겉에 있는 외핵과 그 속에 있는 내핵으로 나뉘지. 외핵은 펄펄 끓고 있는 금속으로 이루어져 있어. 그 속의 내핵도 철과 니켈이란 금속층이지.

지구는 안으로 들어갈수록 온도가 점점 높아져. 맨틀이 암석을 녹일 만큼 뜨겁지만 외핵은 맨틀보다 더 뜨겁고 내핵은 외핵보다 더 뜨겁지. 그러니 만화 영화에서처럼 사람이 지구를 뚫고 반대편으로 나오는 건 불가능하지 않을까? 정확하게 측정할 수는 없지만 내핵의 온도는 4,500도~6,000도나 될 거라고 하니 말이야.

지구 속이 이렇게 뜨겁기 때문에, 우리가 사는 지구 표면에도 여러 일이 벌어져. 맞아. 지진이 생기고 화산이 폭발하지. 그래서 지구의 겉모습이 계속 바뀌고 있단다.

**지구의 겉모습이 바뀐다고요? 지구는 5대양 6대주인데, 그럼 예전에는 6대양 5대주였던 건가? 어떻게 지구의 겉모습이 바뀌나요?**

지구의 겉모습은 강, 산, 평야가 있는 육지와 소금물로 덮인 바다로 구분할 수 있어. 하지만 우리 눈에 보이는 육지와 바다는 지구의 표면(지표)일 뿐이야. 달걀 껍데기의 겉이지.(달걀 껍데기를 지각이라고 했을 때, 껍데기도 겉과 속이 있잖아. 비록 아주 얇지만 껍데기의 두께도 있고 말이야.) 그 속은 단단한 암석층인 지각이 있는 거야.

앞에서 지각은 깨진 달걀 껍데기처럼 여러 조각으로 나뉘어 있다고 했지? 지각 아래에 두꺼운 맨틀이 있는데, 맨틀의 윗부분은 지각에 붙어 있어. 지각과 맨틀 윗부분이 붙어 있는 조각을 '판'이라고 해. 우리는 아시아, 아메리카 등으로 지구를 나누지만 지구 속에서 보면, 이런 구분은 별로 의미가 없어. 같은 판인지가 중요하지.

## 알기 쉬운 판의 이동 원리

판은 계속 움직이고 있어. 거대한 땅덩어리가 어떻게 움직이냐고? 그건 판이 맨틀 위에 떠 있기 때문이야. 남극, 북극에서 거대한 빙하가 물 위에 떠 있듯이 말이야. 빙하는 물살에 따라 움직이지? 그것처럼 판도 맨틀 위에서 움직이는 거지.

하지만 맨틀이 말랑말랑하다고 해서 저절로 판이 움직이는 것은 아니야. 물 위에 종잇조각을 띄우면 종잇조각은 제자리에 가만히 떠 있거든. 입으로 후 하고 바람을 불거나 물을 흔들어서 물살을 만들어야 종잇조각이 움직이지. 또 물 위에 종잇조각을 올리고 물을 끓이면, 종잇조각이 가운데에서 바깥쪽으로 움직여. 바람, 물을 흔든 힘, 불이 종잇조각을 움직이게 하는 힘이지.

판 역시, 움직이려면 에너지가 있어야겠지? 거대한 판을 움직이게 하는 힘(에너지)은 지구 속의 열이야. 지구 속은 아주 뜨겁다고 했잖아. 지구 속의 열이 펄펄 끓어오르면 대류 현상이 일어나.

냄비에 물을 끓이면, 불이 물 아래쪽을 끓이는데, 시간이 지나면 물 전체가 데워지잖아. 왜 불이 냄비 한쪽을 데우는데, 전체가 다 데워지는 걸까?

냄비 아래쪽에 있는 물이 불에서 가까우니까 먼저 뜨거워지겠지? 뜨거워진 물은 위로 올라가. 그럼 위에 있던 물은 어떻게 될까? 아래에 있던 물이 밀고 올라오니까 옆으로 피하지. 옆에 있던 물은, 아까 끓은 물이 위로 올라가서 빈 곳으로 내려가. 이 물은 또 불에 가까워진 거니까 끓어서 위로 올라가고. 그게 대류야. 이렇게 물이나 공기 등이 아래에서 위로 빙글빙글 돌며 열을 전달하는 거지.

이번엔 냄비에 담은 물 위에 파 조각들을 띄우고 불로 끓이면 어떻게 될까? 물의 대류 때문에 물위에 떠 있는 파 조각들이 움직여. 마찬가지로 무시무시한 열로 끓고 있는 맨틀이 대류를 하고, 그 위에 떠 있던 판이 움직이지.

판이 움직이는 것을 어떻게 아냐고? 앞에서 대륙들의 가장자리가 원래 하나였던 것처럼 꼭 맞았잖아. 거꾸로 말하면, 원래 하나로 붙어 있던 큰 대륙이 여러 조각의 대륙으로 흩어졌다는 거지. 약 3억 년~2억 5,000만 년 전에는 대륙들이 하나로 붙어 있었어.

사실 대륙은 붙었다가 떨어졌다가를 반복하며 쉼 없이 움직이고 있어. 대륙 혼자 움직이는 게 아니라, 대륙이 속한 판이 움직이는 거지. 물론 지금도 판은 계속 움직이고 있단다.

그런데 판이 움직일 때 조용조용, 살살 움직였을까? 그렇지 않을 거야. 거대한 판들이 서로 맞부딪히고, 스쳐 지나가고, 붙어 있다가 떨어져 나가면서 엄청난 일이 벌어졌거든. 어떤 일이 벌어졌는지는 뒤에서 알아보자.

### 이것만은 기억하자!

지구 표면은 판이라는 여러 조각으로 나뉘어 있다.
1. 판 조각들은 계속 움직이는데, 서로 부딪치기도 하고 멀어지기도 한다. 그래서 지구의 모습이 바뀌게 된다.
2. 판이 움직이면 지진이 발생한다.

## 황송하지의 취재자료

지구 속은 4개의 층으로 이루어졌다. 지각-맨틀-외핵-내핵 순서이다. 우리가 사는 지각의 모습은 껍데기가 깨진 삶은 달걀과 비슷하다. 지구 속을 한번 살펴볼까?

- **지각:** 지각은 지표면부터 맨틀 위까지의 암석층이다. 평균 두께가 5km~35km인데, 대륙 밑에 있는 대륙 지각이 해양 밑에 있는 해양 지각보다 두껍다.
- **맨틀:** 지각 아래에서 약 2,900km 깊이까지의 층이다. 지구 전체 부피의 84% 정도를 차지한다. 암석층이지만, 뜨거운 온도에 암석이 녹아서 말랑말랑한 상태이다. 맨틀의 윗부분은 단단한 암석인데 지각과 붙어 있다.

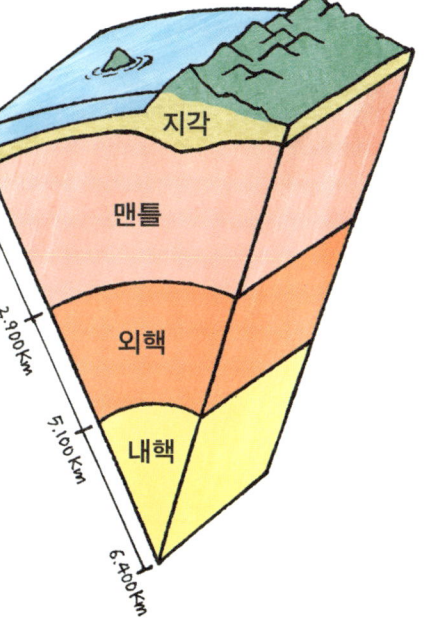

- **외핵:** 맨틀 아래에 있는 층으로 깊이가 2,900km~5,100km 사이이다. 철과 니켈 등의 금속으로 이루어졌고, 액체 상태이다.
- **내핵:** 5,100km 깊이에서 지구 중심까지이다. 외핵과 같이 철과 니켈 등으로 이루어졌지만 고체 상태이다.
- **판:** 지각과 맨틀의 윗부분이 붙어 있는 층이다. 단단한 암석으로 되어 있다. 판은 지구를 덮고 있는데, 여러 조각으로 쪼개져 있다.

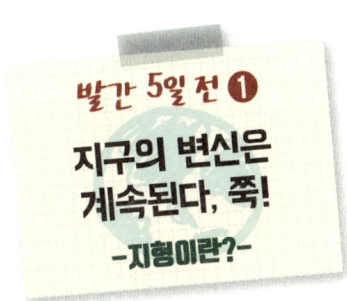

다음날 오전 8시. 황송하지, 제갈윤, 지형학은 강원도를 향해 출발했다.

"오징어 사 줄 거예요, 기자님? 강원도는 오징어가 유명하잖아요."

황송하지가 눈을 찡긋했다.

제갈윤은 앞만 보고 운전하느라, 황송하지의 말을 알아듣지 못했다. 대신 지형학이 말했다.

"우린 오징어를 먹으러 가는 게 아니라, 우리나라의 다양한 지형을 보러 가는 거야."

"지형이 뭐예요?"

"땅의 모습을 지형이라고 해. 참, 지도를 읽을 수 있니?"

지형학이 가방에서 세계 지도를 꺼내며 물었다. 황송하지가 눈을 반짝이며 고개를 끄덕였다. 지도를 읽는 방법은 사회 시간에 배워서 자신 있었다.

"이 가로선이 위선이고, 이 세로선이 경선이에요. 위선 중에 가운데 있는 선이 적도고요. 음, 그, 아, 경선 가운데 있는 선은 이름을 까먹었다."

"아주 훌륭해."

지형학이 황송하지를 칭찬했다.

"위선은 위도를 나타내는 선이고, 경선은 경도를 나타내. 위도와 경도는 그 장소가 어디에 있는지를 알려 주는 좌표야."

지형학이 설명했다.

"지도는 지구 표면을 그림으로 나타낸 거야. 부호와 문자, 색상 등을 이용해서 표현하지. 음, 그럼, 지도에서 대한민국을 찾아볼래?"

"요기요."

황송하지가 냉큼 아시아 동쪽에 있는 대한민국을 손가락으로 짚었다. 사실 황송하지는, 지형학이 세계 지도를 펼칠 때부터 대한민국을 찾아보고 있었다.

"잘 찾았어. 대한민국은 이곳, 북위 33도~43도, 동경 124도~132도 사이에 있지. 이번엔 대한민국을 더 자세히 보자."

지형학은 가방에서 대한민국 전도를 꺼내 펼쳤다. 지형학의 불룩한 가방엔 지도가 가득한 것 같았다.

"대한민국은 바다에 둘러싸인 반도예요. 동해, 서해, 남해요."

황송하지가 말했다.

"황해를 서해라고도 부르지만, 정식 이름은 황해야. 음, 이 지도를 보면 바다는 파랗고, 땅은 노랗지? 평야는 초록색이고. 하천(강과 시내)은 하늘색, 바다는 깊을수록 더 짙은 파란색이고, 산은 높을수록 더 진한 갈색이야. 봐, 우리나라는 산과 평야, 하천과 바다, 섬이 다 있어. 아, 화산섬도 있지."

지형학이 대한민국 전도의 산, 강, 바다와 섬 등을 하나씩 짚었다.

"여기는 비슷한 색깔이 몰려 있네요."

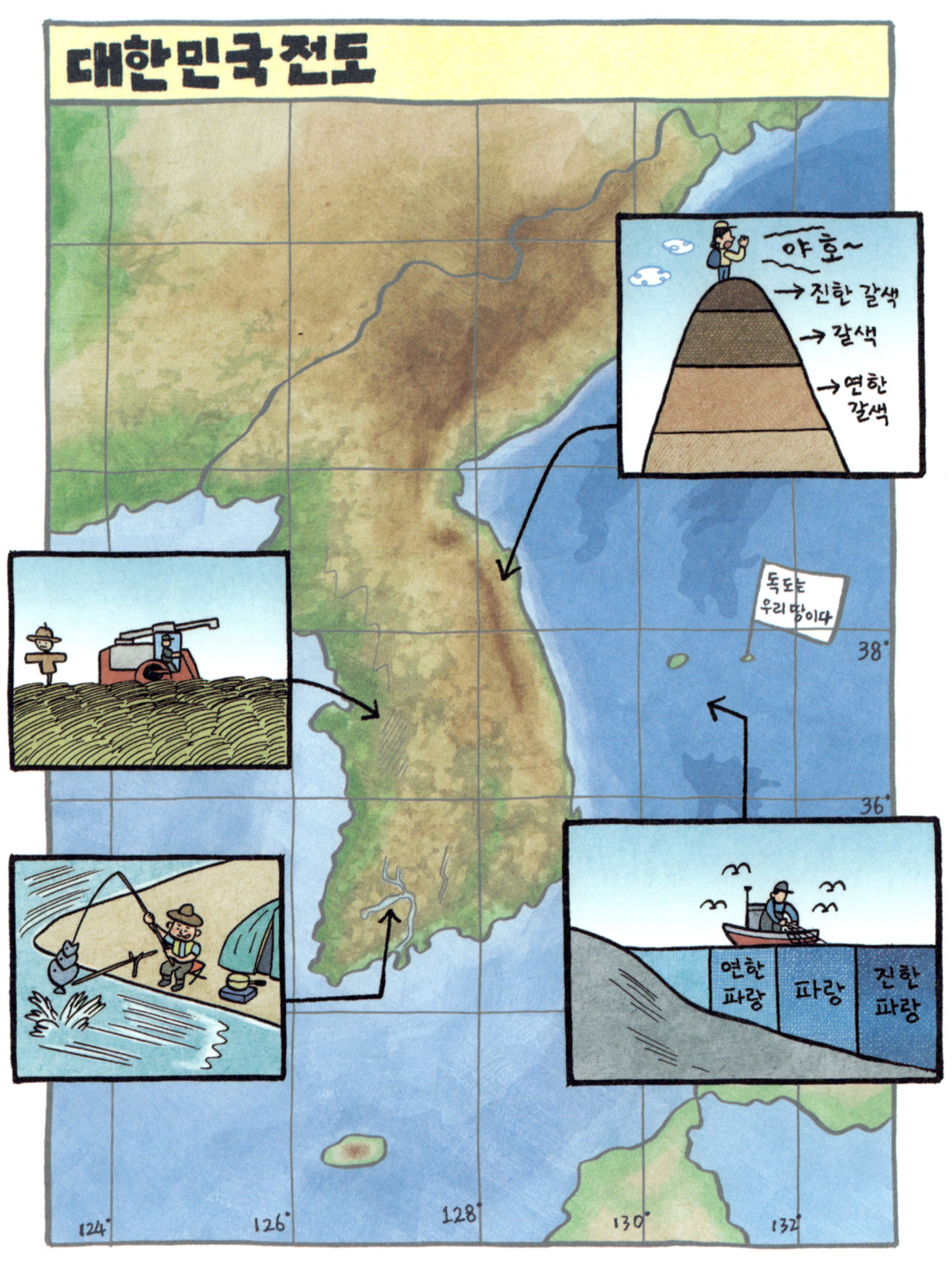

열심히 지형학의 설명을 듣던 황송하지가 진한 노란색이 모여 있는 동쪽을 가리켰다.

"오, 정말 훌륭하다. 이곳이 우리가 오늘 볼 지형들이야. 아, 정말 설렌다."

지형학의 눈이 반짝였다. 황송하지와 제갈윤도 힘차게 고개를 끄덕였다.

차는 어느새 오성시를 벗어나 고속도로를 달렸다.

"창밖에 뭐가 보이니?"

"쌀이요. 벼, 논이요?"

황송하지가 슬쩍 지형학의 눈치를 보며 대답했다. 황송하지의 대답에 지형학은 고개만 살짝 끄덕였다.

제갈윤이 '아름다운 가곡 모음' CD를 틀었다. 노래를 들으며 황송하지가 스르륵 잠이 들었다. 한 시간쯤 지나 황송하지가 가장 좋아하는 아이돌 그룹의 노래가 나왔다. 그 순간 황송하지가 눈을 번쩍 떴다.

기다렸다는 듯 지형학이 황송하지에게 다시 물었다.

"창밖에 뭐가 보이니?"

"참맛 붕어찜, 자연산 민물장어구이. 아, 강도 보여요."

잠이 덜 깬 황송하지가 눈을 비볐다. 황송하지는 지형학이 더 설명할 거라 생각했지만, 이번에도 지형학은 고개만 끄덕였다. 황송하지는 딸기 우유를 한 모금 마시고는 다시 잠이 들었다.

차가 속도를 늦추자, 황송하지가 눈을 비비며 잠에서 깼다. 그러고는 지형학이 묻기라도 한 듯 밖을 내다보며 중얼거렸다.

"바다요. 아, 오징어 먹고 싶다."

황송하지가 창에 입김을 불어 김이 서리자, 손가락으로 오징어를 그렸다.

"조금만 참아. 이번 휴게소에서 점심을 먹을 거니까."

제갈윤이 말했다.

세 사람은 고속도로 휴게소에 들렀다. 황송하지는 돈가스 세트, 제갈윤은 육개장, 지형학은 냉면을 주문했다. 음식이 나오기를 기다리며 황송하지는 버터에 구운 감자를 입에 넣었다. 휴게소에 올 때마다 먹는 간식이다.

"음, 이 맛에 휴게소에 온다니까."

황송하지가 눈을 지그시 감은 채, 감자 냄새를 맡으며 황홀해했다.

제갈윤도 감자를 입에 넣으며 고개를 끄덕였다.

"하지야, 여기까지 차를 타고 오면서 뭘 봤는지 기억나지?"

지형학이 물었다.

"논이랑 강, 산, 바다요."

"그래. 땅 위를 흐르는 물줄기인 강, 주위 땅보다 높게 솟은 산, 소금물이 고인 바다는 모두 다 다르지? 그걸 지형이라고 하는 거야. 아, 논은 평평한 평야야."

"지형이란 평야랑 강, 산, 바다처럼 다양한 땅의 모양을 말하는군요. 아, 그래서 산지 지형, 하천 지형, 평야 지형, 해안 지형, 화산 지형 같은 말이 있구나!"

황송하지는 방금 깨달은 내용을 기자 수첩에 적었다. 지형이 뭔지 알 것 같았다.

"우리 하지가 아주 열심히 하는구나."

제갈윤이 웃었다. 그때 황송하지가 번호판을 가리키며 외쳤다.

"육개장! 저기, 기자님 번호예요."

이어서 돈가스 세트, 냉면도 나와서 세 사람은 맛있게 점심을 먹었다. 황송하지는 돈가스 한 조각을 제갈윤 입에 넣어 주었다.

"오, 우리 하지, 웬일로 고기를 나눠 준다 하지? 고맙다, 하지."

제갈윤이 돈가스를 씹으며, 말끝에 '하지'를 넣어 장난스럽게 말했다.

"기자님, 군밤이 먹고 싶어요."

"역시 우리 하지는 위대하지. 허허."

지형학은 두 사람의 이야기를 들으며 눈만 껌벅였다. 개그 프로그램을 보는 기분이었다.

좀 전에 점심을 먹었지만, 황송하지는 슬쩍 군밤 하나를 꺼내 지형학에게 건넸다. 또 하나는 제갈윤의 입에 넣어 주었다.

"지형이랑 지진이랑 무슨 상관이 있을까? 어……? 아, 맛있다."

지형학이 군밤의 맛을 천천히 음미했다. 말문이 막힐 만큼, 군밤이 참 달았다.

"사실, 이번에 오성에 지진이 났다고 해서, 우리나라 지형에 대한 기사를 쓴다는 게 좀 이상했거든요? 하지만 지금은 알겠어요. 땅 지(地), 모두 땅에 대한 이야기라는 거죠!"

황송하지가 '딱' 소리가 나게 손가락을 튕겼다.

"지진이 지형을 바꾸기 때문이야. 바다였던 곳이 산이 되고, 평야가 바다가 되기도 하지."

"진짜요?"

황송하지는 깜짝 놀랐다. 바다가 산이 되다니, 그럼 바다에 있던 물은 다 어디로 갈지 궁금했다.

"지진이 땅의 모습을 바꾼다면, 지진이 안 일어나는 곳은 어떡해요? 그런 곳은 지형이 안 바뀌나요? 아니지, 화산 지형이 있으니 화산도 지형을 바꾸겠구나."

"역시 우리 하지는 하나를 알려 주면 셋을 깨닫는다니까."

운전하느라 두 사람의 이야기를 듣고만 있던 제갈윤이 말했다.

"잠깐! 얼른 적어야지."

황송하지는 군밤 봉투를 든 채로 기자 수첩에 지형학의 말을 적었다. 딱 하나만 먹은 군밤 봉투가 불룩했다. 지형학은 황송하지가 먹는 것도 잊고, 좋은 기사를 쓰려고 열심히 준비하는 모습을 보니 흐뭇했다. 역시 황송하지는 어린이 기자답다.

2장에서 지구 속의 열이 지구의 겉모습을 바꾼다고 하셨어요. 그리고 판이 움직이면 엄청난 일이 벌어진다고도 하셨죠. 어떤 일이 벌어지나요?

와! 아직 기억하고 있구나. 장하다! 땅의 모양을 지형이라고 하는데, 판이 움직이면 지형이 바뀌어. 판의 윗부분인 지각은 암석으로 이루어졌다고 했지? 이 암석층이 높게 솟아 있으면 산과 언덕이고, 움푹 팼으면 골짜기, 평평하면 평야라 부르지. 육지 위에 있는 패인 길을 따라 물이 흐르면 하천이고, 소금물이 차 있으면 바다야.

그래서 땅의 모양에 따라, 산이 많은 산지 지형과 하천(강과 시내)이 흐르는 하천 지형, 평평한 땅이 펼쳐진 평야 지형과 화산 폭발로 만들어진 화산 지형, 석회암이 만들어 낸 석회암 지형 등으로 나누기도 해.

아주 오래전에는 한반도가 적도 아래에 있었어. 그런데 지금은 적도 위에 있지? 심지어 한반도의 일부는 바닷속에 있었어. 그래서 강원도에서 조개 화석이 발견되는 거란다. 참 엄청난 변화지? 한반도의 위치가 바뀐 이유는 한반도가 속한 유라시아판이 움직였기 때문이야.

　판에 대해 얘기했었는데, 혹시 기억하니? 판들이 움직여서 한 덩어리로 뭉치기도 하고, 하나로 붙어 있던 판들이 움직여서 멀리 떨어지기도 한다고 했지?

　그것만이 아니야. 동쪽으로 움직이는 판과 서쪽으로 움직이는 판이 만나면 어떨까? 계속 서로를 밀어붙이겠지. 판이 맞닿은 경계 부분은 양쪽에서 계속 미니까, 결국 위로 불룩하게 솟아올라. 이렇게 솟은 부분을 산맥이라고 해. 세계에서 가장 높은 히말라야 산맥도 두 개의 판이 서로 밀다가 만들어졌어.

　판들이 계속 밀어붙이다 보면 결국 약한 판이 부러지거나 다른 판

아래로 파고들어가. 나무젓가락을 부러뜨릴 때도, 나무젓가락이 부들부들 떨리다가 툭 부러지지? 엄청나게 거대한 판들이 부딪히고 부러질 때는 어떨까? 땅이 흔들릴 거야. 이게 바로 지진이란다.

그리고 부러진 판 사이로 마그마가 솟아오르는 게 바로 화산이지. 그래서 화산과 지진은 주로, 판들이 서로 만나는 경계선에서 발생해. 지구 속의 열 때문에 판이 움직이면서 지진과 화산을 일으키고, 지진과 화산은 다시 지구의 겉모습, 즉 지형을 바꾸는 거야.

맨틀 속에 모여 있던 마그마가 땅 위로 올라와서 식으면 단단한 암석이 돼. 용암은(마그마가 땅 위로 올라오면 이름이 용암으로 바뀐단다.) 제주도 같은 섬을 만들기도 하고 백두산, 한라산 같은 산을 만들기도 하지. 지진 역시 땅을 갈라지게 하고 산맥을 만들기도 해. 바다였던 곳이 위로 솟아서 육지가 되기도 하지.

그런데 화산과 지진만 지형을 바꾸는 것은 아니야. 이제부터 중요하단다. 지형을 만들고 바꾸는 것은 두 가지 힘이야. 하나는 지진, 화산처럼 지구 내부의 열이 바꾸는 거지. 지구 속의 펄펄 끓는 열이 판을 움직여 지진과 화산을 일으켜서 산맥을 만들고, 바다를 만들고, 섬을 만들지.

다른 하나는 지구 밖의 힘, 바로 태양 에너지야. 태양 에너지는 공기를 데워서 바람을 만들고, 물을 증발시켜서 구름을 만들어 비가 오게 하지. 비가 오지 않는 곳은 사막이 돼. 태양 에너지가 지구 온도를 높여서 빙하를 녹이면 육지가 바닷속에 잠기게도 해. 맞아, 태양은 공기와 물을 움직여서 지형을 바꾸고 있단다.

지진과 화산은 육지, 산맥, 섬 등의 큰 지형을 만들고, 태양 에너지는 지형을 더 다양하게 바꾸지. 공기와 물이 지형을 어떻게 바꾸는지는 뒤에서 자세히 알아볼 거야.

**지도를 읽으면, 지리 공부가 쉬워져요. 지도 읽는 방법을 알려 주세요.**

지도는 어떤 장소, 혹은 그 장소의 위치를 기호나 글자, 색상 등을 이용해서 작게 표현한 그림이야. 지도는 여러 종류가 있는데, 세계 지도나 대한민국 전도처럼, 넓은 지역을 작게 줄인 지도가 있어. 이런 지도를 소축척 지도라고 해. 우리 마을처럼 좁은 지역을 줄여서 만든 지도도 있지. 이런 지도는 대축척 지도라고 하지.

특별한 목적을 가지고 만든 지도도 있어. 어떤 지역에 어떤 식물이 사는지를 표시한 지도도 있고, 어느 지역에 얼마나 많은 사람이 사는지를 표시한 지도도 있지. 길을 알려 주는 내비게이션도 도로를 중심으로 표시한 지도야.

여기서는 일반 지도만 알아보자. 사실 지도를 글로 설명하는 것보다는 지도를 보고 알아보는 게 훨씬 쉬워.

위치를 알려면 동서남북 중에 지금 내가 어디에 있는지를 알아야 하지? 지도에서는 위도와 경도로 위치를 나타내. 지구 위에 점 하나를 찍는다면, 그 점의 위치를 위도가 얼마, 경도가 얼마라고 표시하는 거야. 위도는 위아래, 즉 북쪽인지 남쪽인지를 표시하고, 경도는 좌우, 즉 동쪽인지 서쪽인지를 표시하지. 위선은 지구를 가로로 나눈 선이야. 지구를 남북으로 나누지.

위도의 가운데를 적도라고 해. 적도는 위도가 0도이지. 적도를 기준으로 북쪽은 북위, 남쪽은 남위라고 하지. 또 위도는 기후와 관련이 있어. 위도가 적도에 가까울수록 기후가 따뜻하고 위도가 90도인 북극, 남극에 가까울수록 기후가 추워져.

경선은 지구를 세로로 나누는 선이야. 지구를 동서로 나눠. 경도의 기준선은 본초자오선이라고 해. 영국 그리니치 천문대를 지나는 선을 본초자오선으로 정했는데, 그 이유는 경도는 시간과 관계가 있기 때문이야. 본초자오선을 중심으로 동쪽은 동경, 서쪽은 서경이라 부르지. 한반도의 위치를 찾아볼까? 한반도는 북위 33~43도, 동경 124~132도 사이에 있어.

이 세계 지도에는 판이 표시되어 있지? 판은 지각과 맨틀의 윗부

## 이것만은 기억하자!

**지구의 표면은 바다, 평야, 하천, 산 등으로 다양하다. 이렇게 서로 다른 땅의 모습을 지형이라 한다.**

1. 지구 속의 열은 지진과 화산을 일으켜서 지형을 바꾼다.
2. 태양 에너지는 물과 공기, 열을 움직여서 지형을 바꾼다.

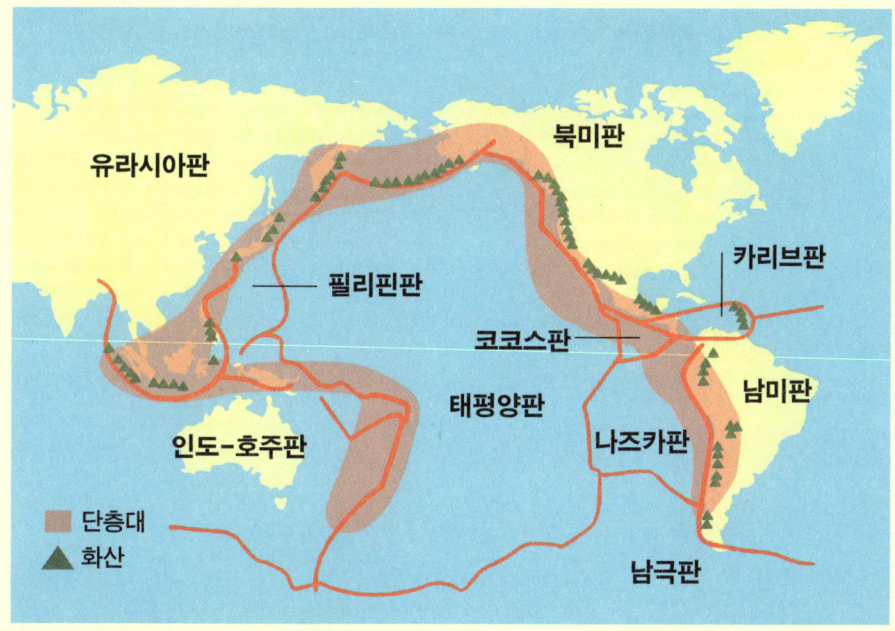

분이 붙어 있는 단단한 암석층이야. 지구 표면은 크고 작은 판들로 이루어져 있어. 한반도가 속한 판은 유라시아 판이야.

그런데 판들의 경계에 초록 삼각형들이 모여 있지? 초록 삼각형이 화산 활동이 활발한 곳이야. 판들이 서로 맞대고 있으니, 서로 밀고 부딪히면서 지각에 금이 가거나 갈라지겠지? 그 틈으로 땅속의 마그마가 솟아오르는 거야. 물론 판들의 경계에는 지진도 자주 발생해. 일본은 여러 개의 판이 모인 곳 위에 있어서 지진과 화산 분출이 자주 발생하는 거야.

한반도의 지도를 읽을 수 있으면, 한반도의 지형을 쉽게 알 수 있다. 그래서 대한민국 전도를 읽어 봤다. 참, '지도를 본다'고 하지 않고 '지도를 읽는다'고 표현한다.

- 한반도는 동해, 황해, 남해로 둘러싸인 반도이다.
- 지도는 색상으로도 지형, 높이 등을 표시한다.

  평야는 초록색, 하천(강과 시내)은 하늘색, 바다는 깊을수록 더 짙은 파란색이다. 산은 높을수록 더 짙은 갈색이다. 한반도 동쪽에 짙은 갈색이 모여 있다. 서쪽과 남쪽은 초록색과 옅은 갈색이다.

- 대부분의 큰 강이 황해로 흐르고, 낙동강은 남해로, 두만강은 동해로 흐른다.
- 동해안은 비교적 해안선이 매끄럽다. 황해안과 남해안은 해안선이 들쑥날쑥하다. 남해안에 섬이 많다.

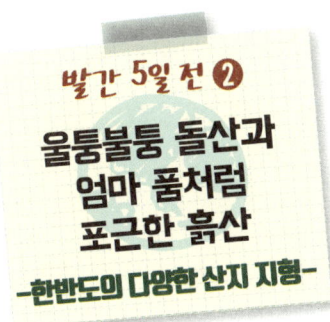

발간 5일 전 ❷
울퉁불퉁 돌산과
엄마 품처럼
포근한 흙산
-한반도의 다양한 산지 지형-

황송하지와 제갈윤, 지형학은 강원도 속초에 있는 설악산 국립 공원에 도착했다.

"저 높은 산을 올라간다고요? 이러다 강과 바다도 헤엄쳐 건너야 하는 거 아니에요?"

황송하지가 한숨을 쉬었다.

"실제로 보니, 설악산이 꽤 험하고 높구나."

제갈윤도 당황했다.

두 사람 모두, 저 높은 바위산을 오를 생각을 하니 현기증이 났다.

"우리는 케이블카를 타고 올라갑니다."

지형학이 공중에 주렁주렁 걸린 케이블카를 가리켰다.

"아하!"

세 사람은 5분마다 출발하는 설악산 케이블카를 타고, 700m 높이에 있는 권금성에 올랐다.

"우아!"

커다랗고 울퉁불퉁한 바위가 솟은 설악산은 멋졌다. 감탄이 절로 나왔다.

"저 커다란 바위 봉우리들이 울산바위야. 높이가 950m, 천연기념물 제171호지. 설악산은 기암괴석으로 유명한데, 기암괴석이란……."

"기이하고 괴상하게 생긴 바위란 뜻이죠."

지형학의 말을 가로채서, 제갈윤이 말했다.

"설악산은 마그마가 땅속에서 식어

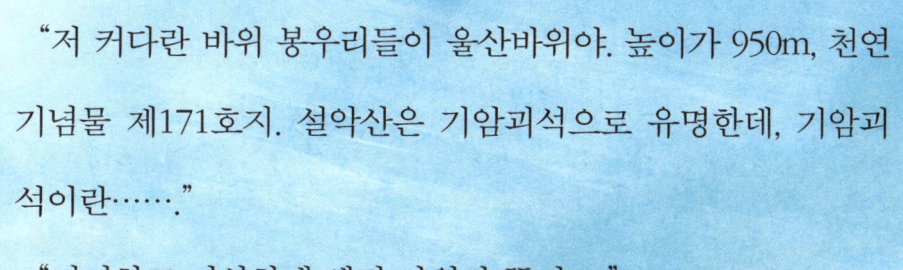

만들어진 암석으로 된 산이야."

"바위라고 해서 이만할 줄 알았는데, 울산바위는 산만큼 커요."

황송하지가 양팔을 좍 벌려 둥글게 만들었다.

"그렇지? 유명한 흔들바위도 울산바위에 있지."

지형학도 황송하지를 따라 몸을 앞뒤로 까딱까딱 흔들었다.

"우리 동네 뒷산이랑 통신문사 뒷산은 낮고 바위도 별로 없는데, 설악산은 울퉁불퉁하고 큰 바위가 엄청 많아요."

황송하지는 운동해야 한다며 엄마에게 억지로 끌려간 작은 뒷산 외에는 오른 산이 없다. 그때 아빠도 같이 끌려가서 조금 위안이 됐었다. 그래서 울퉁불퉁하고 커다란 설악산이 참 신기했다.

지형학은 다음 산으로 태백산을 추천했다. 하지만 높이가 1,500m가 넘는다는 사실에 황송하지가 '절대 올라갈 수 없다.'고 주장했다. 다행히 지형학이, 매봉산은 차로 올라갈 수 있다는 사실을 기억했다. 황송하지와 제갈윤이 두 손을 번쩍 들고 '만세'를 부르자, 지형학도 웃을 수밖에 없었다.

매봉산 근처에 도착하자, 시멘트로 포장한 길이 나타났다. 매봉산 정상에 있는 밭까지 차가 다닐 수 있게 만든 농로다. 제갈윤은 매봉산 안내판을 따라 조심스럽게 운전했다. 산을 오를수록 길 양쪽에 빼곡히 자리 잡은 수풀이 거센 바람에 휘날렸다. 매봉산을 오르자, 능선을 따라 줄지어 서 있는 풍력 발전기가 제일 먼저 눈에 띠었다. 거대한 프로펠러가 산바람을 맞아 천천히 돌아가고 있었다.

"기자님, 저 사진 좀 찍어 주세요."

황송하지가 주차장 근처에 세워진 '바람의 언덕' 팻말 옆으로 달려갔다. 이곳은 산꼭대기지만, 경사가 거의 없어서 뛰어다닐 수 있었다.

황송하지가 양 볼에 검지를 대고 자세를 잡는데, 갑자기 산 아래에서부터 바람이 불어 올라왔다. 휘익, 황송하지의 모자가 바람을 타고 공중으로 솟아올랐다. 제갈윤과 지형학이 깜짝 놀라 모자를 잡으러 달려갔다. 그보다 먼저 황송하지가 "내 모자!"라고 외치며 풀쩍 뛰어올라 바람을 타고 날아가는 모자를 붙잡았다.

"저기는 배추밭이에요. 배추가 바람을 이기나 봐요."

모자를 다시 눌러쓰며, 황송하지가 말했다.

황송하지의 말대로, 매봉산은 끝없이 펼쳐진 배추밭이었다. 한 아름이 넘치도록 잘 자란 배추가 널렸다. 여름에 배추라니 신기했다.

"여기에서 배추 고랭지 농사를 짓는구나. 덕분에 여름에도 배추를 먹을 수 있었군."

제갈윤이 고개를 끄덕였다.

"저기에 백두산 비석이 있어요."

황송하지가 이번엔 고랭지 밭 뒤로 보이는 비석을 향해 달려갔다. '백두대간 매봉산'이라 새겨진 비석 뒷면에 백두대간을 설명하는 글이 새겨져 있었다.

"백두대간은 우리 민족 고유의 지리 인식 체계이며, 백두산에서 시작하여 금강산·설악산·두타산·매봉산·태백산·소백산을 거쳐 지리산까지 이어지면서 국토의 골격을 형성하며 자연과 사람 문화가 함께 살아 숨 쉬는 풍요로운 큰 산줄기입니다."

황송하지가 숨도 쉬지 않고 비석에 새겨진 글을 단번에 읽었다.

"백두산이 아니라 '백두대간'이네. 참, 선생님. 여기는 산인데, 왜 꼭대기가 평평해요? 산은 이렇게 생겨야지."

황송하지가 두 손끝을 모아 삼각형을 만들며 지형학에게 물었다.

"이곳은 고위 평탄면이야. 이 근처는 이런 고위 평탄면이 많아. 대관령도 고위 평탄면이지."

"여기랑 대관령이랑 멀어요? 대관령 목장에 가면 젖소랑 양, 타조도 볼 수 있대요. 관광객들이 치즈도 만들 수 있고요."

"미안. 이번 취재에선 대관령에 갈 시간이 없어. 대신 가을에 황소 팀장님이랑 같이 가자."

사진을 찍고 돌아온 제갈윤이 황송하지에게 말했다. 사실 아쉬운 건 제갈윤도 마찬가지다.

세 사람은 매봉산을 내려가자마자 편의점부터 찾았다. 산을 두 개나 올라서 그런지 배가 고팠다.

"설악산은 케이블카를 타고 오르고, 매봉산은 차를 타고 올랐잖아요? 어두워지기 전에 금대봉에 가……."

하지만 이미 황송하지와 제갈윤은 양팔 가득 과자와 컵라면, 초콜릿과 우유를 골라 들었다. 두 사람의 행복한 미소를 보니, 지형학은 재촉할 수 없었다. 결국 지형학도 편의점 의자에 앉았다.

황송하지가 다리를 달달 떨며 휴대 전화를 뚫어지게 노려 보고 있다. 정확히 3분 뒤에, 컵라면을 맛있게 먹어 줄 것이다. 2분 45초, 제갈윤의 휴대 전화 벨이 울렸다.

"황소 팀장이야."

제갈윤이 손에 묻은 초콜릿을 휴지에 닦고 조심스럽게 전화를 받았다.

"황소네. 설마 취재는 안 하고, 편의점에서 먹을 것만 잔뜩 산 건 아니지?"

전화를 받자, 황소가 대뜸 물었다.

제갈윤은 황소가 세 사람을 뒤따라온 것은 아닌지 재빠르게 주위를 둘러봤다. 편의점엔 점원과 세 사람밖에 없었다. 제갈윤은 테이블에 수북이 쌓인 간식을 보자, 황소에게 면목이 없었다. 그래서 잽싸게 전화기를 황송하지 귀에 가져다 대며, "네

가 받아!"라고 소곤댔다. 황송하지는 제갈윤에게 컵라면을 들어 보이며 "불어요."라고 속삭였다. 하지만 바로 전화기에 대고 태연하게 말했다.

"아빠, 하지예요. 저희는 엄청 열심히 대한민국의 산지 지형을 취재하고 있어요. 편의점에서 간식도 안 먹고요."

"하지야, 라면 불겠다. 어여 먹어. 아빠는 탱탱 불어 터진 라면을 상상하는 것만으로도 가슴이 미어진단다. 나중에 다시 전화하마."

황소가 전화를 끊었다.

"역시 아빠는 우리를 너무 잘 안다니까!"

황송하지가 나무젓가락으로 컵라면을 휘휘 저으며 말했다.

"아, 맞다!"

황송하지가 휴대 전화로 '대한민국에서 제일 높은 산'을 검색했다.

"1등 한라산, 2등 지리산, 3등 설악산……. 높은 산 10위 안에 강원도에 있는 산이 7개나 있군. 내가 이럴 줄 알았지. 사방이 온통 높은 산이잖아."

황송하지가 확신에 차서 고개를 끄덕였다.

"선생님, 왜 강원도에는 높은 산이 많아요? 우리 동네 뒷산, 통신문사 뒷산보다 훨씬 높아요."

지형학은 황송하지에게 미소를 지었다. 황송하지는, 한 손으로는 라면을 먹고, 다른 한 손으로 인터넷 검색을 하고, 라면을 씹으면서 동시에 질문도 했다. 어른이 되면, 분명히 훌륭한 통신문 기자가 될 것 같다.

"그 대답은 조금 있다가 할게. 지금은 라면에 집중합시다! 와, 여기 라면이 유달리 맛있다."

지형학이 라면 국물을 후후 불어 마셨다.

"이건 전국, 어디에서나 파는 라면인데……. 그쵸, 기자님?"

황송하지가 제갈윤에게 속삭였다.

제갈윤이 빙그레 웃었다. 지형학도 맛있는 간식의 세계에 들어선 것 같다.

**설악산, 매봉산에 갔잖아요. 이 산들은 몽땅 강원도에 있더라고요. 아, 태백산도 있지? 아무튼 강원도에 높은 산이 왜 모여 있는 건가요?**

한반도는 아주 오래전에 만들어졌어. 어쩌면 뒷산에 구르는 돌멩이의 나이가 25억 살일 수도 있지. 더 오래된 돌을 발견할 수도 있겠지만, 지금까지 우리나라에서 발견된 돌 중에 가장 나이가 많은 돌이 25억~30억 살이라고 하니까.

그 긴 시간 동안 한반도는 땅이 뒤집어질 정도로 큰일을 많이 겪었어. 한반도가 적도 아래에 있었다가 북쪽으로 이동했다는 얘기는 했었지? 2, 3개의 땅덩어리가 합쳐지고, 화산이 분출하기도 했어. 경상도는 호수였는데, 흙이 쌓여 육지가 되었지.

그렇게 한반도는 요동을 치며 변하다가, 공룡이 쿵쾅거리고 돌아다니던 중생대에 지금과 거의 비슷한 땅의 모습이 되었어. 하지만 그때는 높은 산도 있고, 깊은 호수도 있어서 육지의 높이가 들쑥날쑥했지.

그런데 너희 집 뒤에도 산이 있고, 통신문사에도 뒷산이 있다고 했지? 우리 동네에도 야트막한 산이 있어. 어디를 가든 주변을 둘러보면 산을 볼 수 있지. 그만큼 한반도에는 산이 많아. 전체 땅 중에 산이 70%가 넘거든.

이렇게 산이 많으니 세계적으로 높은 산이 하나둘쯤은 있을 법한데, 한반도엔 2,000m를 넘는 산도 거의 없어. 오랜 시간 동안 우리나라 땅이 비, 바람에 깎이고(침식 작용) 공기, 물, 온도 때문에 부서지고 분해되었기(풍화 작용) 때문이야. 높았던 산은 낮아지거나 아예 평야로 변하기도 했지. 지형이 변한 거란다.

3장에서 태양 에너지가 공기와 물을 움직이게 해서 지형을 바꾼다고 했지. 바로 이런 경우야. 그래서 산은 많지만, 대부분은 구릉(언덕) 정도의 높이밖에 안 되는 산이지. 경사도 완만해서, 오르기도 쉬워.

그나마 높은 산은 동쪽, 북쪽에 모여 있어. 서쪽, 남쪽으로 갈수록, 평야와 구릉이 많지. 한반도 지형의 가장 큰 특징이 바로 이거야. 동쪽 땅은 높고, 서쪽 땅은 낮다. 조금 어려운 말로는 '동고서저(東高西低)' 지형이라고 하지. 왜 한반도는 높은 산이 한쪽에 몰려 있는 걸까? 높은 산끼리 손을 잡고 동쪽으로 달려가기라도 한 걸까?

오랫동안 침식되면서, 한반도의 땅은 점점 더 평평해졌잖아. 그러다 큰 변화가 생긴 거야. 한반도는 유라시아판에 속해 있거든. 유라시아판도 다른 판들처럼 맨틀 위를 움직이고 있지.

그런데 유라시아판이 다른 판에 의해서 서쪽으로 밀렸어. 그 위에 있는 한반도도 서쪽으로 밀리면서 지각이 위로 솟아올랐지. 강원도

## ⭐ 판의 충돌로 산이 만들어지는 원리

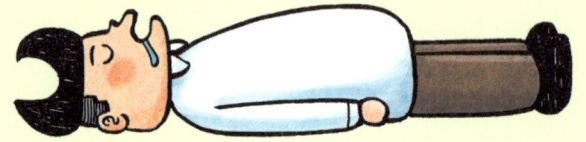

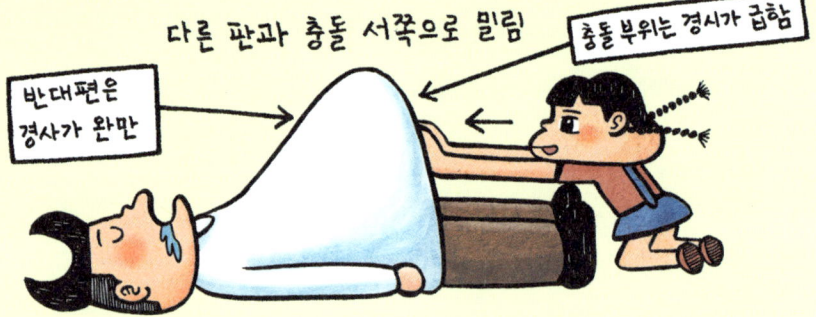

가 있는 한반도 동쪽이 힘을 더 많이 받아서 더 높게 올라간 거야. 이때 한반도를 대표하는 산맥들이 만들어졌어. 3장에서 판들이 부딪혀서 히말라야산맥이 만들어졌다고 했지? 그것과 같은 원인이지.

이 산맥들은 동쪽에 한 줄로 선을 그은 듯이 솟아올랐어. 이 산맥들을 백두대간이라고 해. 백두대간은 백두산에서 금강산, 설악산 등을 지나 지리산까지 이어지는데, 북한의 마천령산맥과 함경산맥, 남한의 태백산맥, 소백산맥을 한 줄로 이으면 되지. 백두대간은 한반도의 등줄기 산맥이야.

그런데 같은 산맥이라도 동쪽에서 밀었기 때문에, 힘을 더 많이 받은 동쪽은 더 경사가 급하고 서쪽은 경사가 완만하지. 그리고 백두대간에서 서쪽과 남쪽으로는 낮은 산맥들이 뻗어 있어. 척추에서 뻗은 갈비뼈처럼 말이야. 이 낮은 산맥들은 오래전에 만들어진 산맥이라, 긴 시간 동안 하천, 바람 등에 깎여서, 산맥 중간이 끊어지기도 했어.

**설악산은 바위산이고 매봉산은 고위 평탄면이래요. 태백산은 흙산이라고 했죠? 왜 산의 모습이 서로 다른 건가요?**

역시 예리하구나! 지각은 암석층이라고 했지? 산은 암석층이 위로 불룩 올라와 있는 것이고.

산이 만들어지는 이유는 다양해. 산맥이 만들어지는 것처럼, 땅이 밀리면서 위로 불룩하게 솟아오른 경우가 있어. 양손으로 종이를 잡아서 가운데로 밀면, 종이가 위로 볼록 솟는 것과 같지.

다른 하나는 땅이 깎여서 산이 만들어지는 거야. 땅보다 더 높은 것이 산인데, 땅이 깎여서 산이 만들어진다는 게 이상하지? 그 과정을 알아보자.

땅이 깎여서 만들어진 산은 크게 2가지가 있어. 땅이 깎인 건, 결국 암석이 깎인 거지? 그 암석이 무엇인지에 따라 산의 모습이 달라져. 산의 모습이 다른 이유가, 산을 만든 암석의 종류가 다르기 때문이라는 거지.

우리나라 땅을 구성하는 암석 중에는 변성암이 제일 많아. 변성암은 제일 오래된 암석이지. 그다음으로 심성암이 많아. 심성암은 땅속에서 마그마가 천천히 식어서 굳어진 암석이야. 심성암이란 이름이 어렵다고? 한자로 알아보면 참 쉬워. 심성암(깊을심深, 이룰성成, 바위암岩), 땅속에서 만들어진 암석이란 뜻이니까.

그에 반해 땅위에서 용암이 굳어서 만들어진 암석을 화산암이라고 해. 화산 분출로 만들어진 암석이지. 제주도에 많은 현무암은 대표적인 화산암이야.

또 흙, 모래 등과 조개 등의 바다 생물이 쌓여서 굳은 퇴적암도 있어. 그래서 화석이 퇴적암에서 발견되지.

바위산은 원래 땅속 깊이 파묻혀 있던 심성암 덩어리였어. 땅속으로 9km~10km 아래에 있었지. 그 위를 다른 암석들이 덮고 있었어.

## 바위산의 형성과정

다른 암석들이 심성암을 덮고 있다가

오랜 세월 비, 바람등에 깎여서

심성암 덩어리가 땅 위로 모습을 드러냄.

그런데 우리나라 땅이 오래된 땅이라고 했잖아. 비, 바람, 햇빛 때문에 깎이고(침식 작용), 부서져서(풍화 작용) 땅이 많이 깎여 나간 거야.

심성암 덩어리를 덮고 있던 암석이 깎여나가자, 그 아래 있던 심성암 덩어리가 땅 위로 드러나게 되었지. 그리고 아주 천천히 땅 위로 솟아올랐어. 아무리 천천히 솟는다고 해도, 워낙 긴 시간 동안 계속 솟아오르니 지금처럼 멋진 바위산이 되었지.

설악산은 기암괴석이 참 멋졌지? 설악산, 금강산, 북한산 등이 화성암으로 된 바위산이야.

태백산, 지리산은 흙산이야. 경사가 완만하고 산이 넓게 펼쳐진 모습이지. 흙산은 변성암이 많은데, 변성암이 오랜 시간 동안 풍화되고 침식되어 흙이 된 거야. 흙에 덮인 산이라, 나무가 잘 자라서 울창한 숲을 이루고 있지.

백두산, 한라산은 용암이 굳어 만들어진 화산이야. 당연히 화산암 산이지.

우리가 올랐던 강원도 매봉산과 대관령, 한반도의 지붕이라 불리는 개마고원, 소백산맥의 진안고원은 산처럼 높은데 꼭대기가 비교적 평탄한 곳이야. 이런 곳은 높은 곳에 있는 평평한 땅이란 의미로 고위 평탄면이라 불러. 평평한 땅이, 그 모습 그대로 위로 솟아서 만들어진 지형이지.

고위 평탄면은 기온이 낮지만 강수량은 많은 편이야. 그래서 풀이 잘 자라지. 당연히 풀을 먹고 사는 소, 양, 염소 등을 키우기 좋은 곳이라 목장이 많아. 또 여름이 서늘하기 때문에 고랭지 채소를 재배해. 최근에는 관광지로도 인기가 높아.

### 이것만은 기억하자!

1. 판들이 서로 밀면 땅이 융기(위로 솟는 것)하면서 산이 만들어진다.
2. 단단한 암석을 누르고 있던 암석들이 깎여 나가면, 그 아래에 있던 암석이 융기해서 산이 된다.
3. 용암이 분출해서 굳으면 화산이 만들어진다.

한반도의 산지 지형의 특징은, 북동쪽에 높은 산이 모여 있는 것이다. 한반도가 동쪽에서 서쪽으로 밀리면서 힘을 많이 받은 동쪽이 더 많이 위로 융기했기 때문이다. 이런 지형을 경동성 지형이라 한다. 경동성 지형이 만들어진 과정을 알아보자.

### 한반도 지형 형성과정

글, 그림 황송하지

한반도는 오랜 시간 동안 비, 바람 등에 침식, 풍화되어 평탄한 땅이었다.

한반도에 붙어 있던 일본이 떨어져 나가면서, 한반도가 서쪽으로 밀렸다.

한반도가 밀리면서, 동쪽이 위로 솟아오르며 백두대간이 만들어졌다.

짠! 한반도는 동쪽이 더 높고, 경사도 급한 경동성 지형이 되었다.

**발간4일 전 ❶**
**바쁘다, 바빠! 깎고 운반하고 쌓는 하천**
-한반도의 다양한 하천 지형-

"우와! 검룡소가 1억 5천만 년 전 백악기에 만들어졌대요. 백악기면 티라노사우루스랑 트리케라톱스가 쿵쿵거리고 돌아다닐 때잖아요."

황송하지가 검룡소 안내판을 읽다가 흥분해서 재잘댔다. 배가 든든하니 취재 의욕이 솟구쳤다.

황송하지, 제갈윤, 지형학은 한강이 시작되는 금대봉 검룡소에 갔다. 다행히 검룡소는 주차장에서 30여 분만 완만한 길을 걸으면 볼 수 있다. 황송하지는 나무로 만든 검룡교를 지나 검룡소 전망대로 달렸다.

"저 물이 한강이 되는 거예요? 물이 콸콸 흐르기는 하지만, 한강이 되기엔 너무 쬐끔인데요."

"검룡소에서 하루에 물이 2,000여 톤이나 샘솟는대. 하지만 하지 말처럼, 한강 물의 양과는 비교할 수도 없지. 이 물은 충청북도까지 내려갔다가 방향을 바꿔 경기도, 서울을 지나 황해로 흘러 들어가는 동안 다른 곳에서 흘러온 수많은 물줄기를 만나 점점 더 많아진단다. 그래서 우리나라를 대표하는 한강이 돼."

지형학의 설명을 듣고, 황송하지가 고개를 끄덕였다.

제갈윤은 검룡소의 모습을 여기서 찰칵, 저기서 찰칵 찍느라 바빴다. 검룡소는 넓이가 2m~3m 정도 되는 샘이다. 출입이 금지된 곳이라 안으로 들어가 자세히 볼 수는 없지만 언뜻 보기에도, 검은 물속이 깊어 보였다. 검룡소에서 솟은 물은 이끼로 덮인 바위 위를 세차게 흘렀다.

"물이 세서 폭포가 생겼네."

지형학이 계단처럼 생긴 바위들을 가리켰다.

"저렇게 생긴 폭포도 있구나. 그런데 검룡소는 검은 용이랑 소가 만난 곳이라는 뜻인가요? 저기 안내판에서 읽은 것도 같

은데……."

"기사를 쓰려면, 안내판도 잘 기억해야지. 아니면 사진을 찍어 두던가. 검룡소 안내판은 내가 찍었으니 기사 쓸 때 보여 줄게."

제갈윤의 말을 듣고, 황송하지는 살짝 부끄러워졌다. '공룡 어쩌구' 하며 흥분해서는 안내판을 제대로 읽지 않은 것이다. 그래서 괜히 딴청을 피웠다.

"아이고, 피곤하다. 오늘, 산을 세 개나 올랐네. 내일 쌍코피가 퐝 터지겠다. 아, 엄마도 보고 싶네. 엄마한테 전화할까?"

"쉬자, 당장 쉬자. 자, 업혀!"

제갈윤이 쭈그리고 앉아서 황송하지에게 등을 내밀었다.

황송하지가 지형학을 보며, 어깨를 으쓱했다. 지형학은 두 사람을 보며 터져 나오는 웃음을 겨우 참았다.


다음날 아침, 세 사람이 동강, 문산 나루터에 도착했다. 오늘 중으로 한강을 따라 황해까지 가려고 서둘렀다.

"앗싸, 동강 래프팅!"

황송하지는 신나서 앞장서서 달렸다. 평창올림픽 경기장에 못 들려서 서운했던 마음은 벌써 사라졌다.

제갈윤은 웃어야 할지 울어야 할지 몰랐다. 제갈윤은, 황송하지와 함께 래프팅을 할 건지, 아니면 동강이 내려다보이는 잣봉에 올라 동강의 신기한 풍경을 찍을 것인지를 두고 고민했다. 둘 다 두려웠지만, 제갈윤은 결국 황송하지 옆에 있기로 했다.

"나중에 봐요."

지형학이 오른손을 들어 응원했다. 지형학은 석회암 동굴인 백운동굴에 갔다가 잣봉에 있는 어라연 전망대에서 멋진 동강의 모습을 사진에 담을 예정이다.


"만나서 반갑수야. 동강 중에서 특히 어라연 구간은 한국지리를 잘 알 수 있는 천연의 학습장이래요. 세 시간 동안 신나게 래프팅을 하고 나면 저절로 하천 지형에 대해 박사가 되어 있을 거래요."

"강원도 사투리래요?"

래프팅 가이드가 영동 사투리로 설명하자, 황송하지보다 어려 보이는 사내아이가 가이드를 흉내 냈다.

"아니래요. 태백산맥 동쪽 지방, 즉 영동 지방 사투리래요. 하지만 지금부터는 여러분들을 위해 표준어로 말하겠어요."

가이드가 한 단어씩 또박또박 말하자 다들 웃음을 터트렸다.

사내아이와 아이 아빠, 황송하지와 제갈윤, 대학생 세 명, 가이드가 한 팀이 되었다.

"으윽, 재밌겠다!"

노란 안전모를 쓴 황송하지가 빨간 구명조끼를 팡팡 두드렸다. 준비 운동을 하면서부터 흥분이 점점 커졌다.

황송하지 팀은 가이드의 구령에 맞춰 노를 저어 문산 나루터를 출발했다. 한쪽은 울퉁불퉁한 자갈밭이 펼쳐지고 맞은편은 병풍처럼 가파른 절벽이 이어졌다. 노를 저어 강을 내려가자, 마주보는 절벽이 서로 맞붙을 듯 좁아지는 협곡이 이어졌다. 강폭은 좁고, 깊이는 깊어졌다.

"동강은 뱀이 기어가듯 구불구불하게 휘었어요. 우리나라의 대표적인 감입 곡류 하천이죠. 감입 곡류 하천이 뭐냐, 그건 인터넷 박사님께 물어보십시오."

가이드가 래프팅을 하며 곳곳에서 동강을 소개했다. 가이드의 말대로, 동강은 협곡을 감싸고 회전하듯 둥글게 휘어졌다. 강물이 휘돌아 가는 바깥쪽은 물살이 빨라서, 강물이 산을 깎아 절벽(하식애)을 만들었다. 물살이 느린 동강 안쪽은 모래와 자갈이 쌓여서 모래 언덕이 펼쳐졌다. 동강 옆으로 평평한 땅이 계단처럼 이어진 곳도 있었다. 그런 곳에는 논밭이 있거나 집이 있었다.

"자, 이제부터 동강 래프팅을 제대로 느끼게 될 겁니다."

가이드의 말이 끝나자, 누군가 끌어당기듯 고무보트가 앞으로 내달렸다. 강폭이 좁아지고 속도는 점점 더 빨라졌다. 여기저기에 울퉁불퉁한 바위가 강 위로 솟아 있었다. 고무보트는 바위 위를 튕기듯 나아가기도 하고, 바위에 부딪쳐 방향을 잃기도 했다.

"아악!"

황송하지는 비명을 지르며, 고무보트의 고리에 건 오른발에 힘을 줬다. 양 손으로 고무보트를 꼬집듯이 붙잡았다. 물방울이 튀고 몸이 휘청거렸다.

파도가 치듯이 하얀 물보라를 일으키며 강물이 밀려왔다. 고무보트가 물살에 휩쓸려 들썩였다. 하지만 휘청거리면서도 고무보트는 뒤집히지 않고 앞으로 나아갔다. 곧 강폭이 넓어지면서 물살이 잔잔해졌다.

"지금 된꼬까리 여울을 지났습니다. 옛날부터 떼몰이꾼이 강원도의 튼튼한 나무를 베어 이 강을 통해 서울로 보냈대요. 나무를 그냥 띄워 보낼 수는 없으니까 뗏목처럼 묶어서 보냈는데, 된꼬까리 여울이 워낙 거세서 뗏목이 뒤집어지는 사고가 많았답니다. 그런데 우리는 무사히 된꼬까리 여울을 건넜죠? 장합니다! 자, 서로에게 박수."

여덟 명은 서로에게 박수를 보냈다.

"앗, 저기, 저기 먹을 게 있어요. 나, 배고파요!"

황송하지가 벌떡 일어나서 휴게소를 가리키며 발을 굴렀다. 그 바람에 배가 휘청거렸다.

"하지 마!"

사내아이가 깜짝 놀라 소리쳤다. 하지만 오후 1시, 점심을 먹지 못한 황송하지의 귀엔 아무 말도 들리지 않았다. 황송하지

옆에 앉았던 제갈윤도 휴게소 앞에 걸린 '파전'이란 메뉴를 보고는 서서히 몸을 일으켰다.

"먹고 갑시다. 제가 사죠!"

제갈윤의 제안에 모두 환호성을 질렀다. 일행은 열심히 휴게소를 향해 노를 저었다. 고소한 파전과 매콤새콤한 도토리묵, 뜨듯한 컵라면으로 배를 채웠다.

"으흠, 행복하다."

황송하지가 파전 조각을 입에 넣었다. 저절로 미소가 지어지고, 콧노래가 흘러나왔다.

사람들은 다시 고무보트를 타고 노를 저었다. 세 시간 동안, 12km를 지났다. 무사히 도착지인 섭세강변에 오자, 가이드와 일행이 환호성을 지르며 한꺼번에 몸을 좌우로 흔들었다. 고무보트가 뒤집히고, 여덟 명 모두 깨끗한 동강에 빠졌다.

한참 물놀이를 하고, 다시 보트에 오르려니 정말 힘들었다. 특히 제갈윤이 보트에 다시 오르기 위해서는 모든 사람이 도와야 했다. 너무 힘들어 포기할 뻔도 했다. 하지만 파전과 도토리묵, 컵라면을 누가 샀는지를 떠올리자 사람들은 더욱더 힘을 냈고, 간신히 제갈윤을 보트에 올릴 수 있었다.

"안녕히 가세요, 아저씨, 오빠, 언니, 동생, 가이드님."

황송하지가 손을 흔들며 한 배를 탔던 사람들과 헤어졌다.

"래프팅은 재미있었어?"

지형학이 마중 나왔다. 황송하지가 엄지를 척 올렸다.

"진짜로 짱! 짱! 짱 재밌었어요."

"네. 옷은 다 젖었지만 아주 재밌었습니다."

제갈윤도 처음으로 배를 타고 노를 저었지만 아주 즐거웠다. 몸을 움직이는 게 이렇게 상쾌할 줄은 몰랐다.

"그럼, 이제 충주호를 보러 남쪽으로 출발할까요?"

지형학이 두 사람을 보며 물었다.

황송하지와 제갈윤이 눈으로 사인을 주고받았다. 그러곤 힘차게 외쳤다.

"숭어회부터 먹고!"

강원도 정선에서 충청북도 충주까지는 한 시간이 조금 더 걸렸다.

"오오오오오, 무서워요."

밑에서 봤을 때는 몰랐는데, 높이가 97.5m나 되는 충주댐 위에서 남한강을 내려다보니 현기증이 났다.

"저기가 바다예요?"

황송하지가 충주댐 뒤로 펼쳐진 충주호를 가리켰다. 유람선이 물살을 가르며 달리는 충주호는 바다처럼 넓었다.

"검룡소에서 솟은 물이 흘러가는 동안 여러 하천을 만나서 동강이 되었지? 동강은 다시 흘러서 서강과 만났어. 그리고 이름도 남한강이라고 바뀌었지. 저 물이 남한강 물을 가둬 둔 충주호야."

"저 물이 남한강이라고요? 물이 엄청 많아서 바다 같아요."

"댐으로 강물을 가둬서 물이 더 많아 보여. 하긴, 충주호는 가장 넓은 인공 호수니까."

"강물이 흘러가게 그냥 두지, 왜 막아 둘까요?"

"물을 더 잘 이용하기 위해서지."

지형학이 대답했다.

"지금도 이렇게 많은데, 이 강물이 계속 흘러가면서 점점 더 많아지고, 강도 더 넓어지는 거죠? 앞으로 얼마나 더 넓어질까요?"

황송하지는 더 큰 강을 보고 싶었다. 드디어 세 사람은 한강을 보러 서울로 출발했다.

황송하지의 취재수첩

그동안 한강을 떠올리면 서울 한복판을 천천히 흐르는 넓은 강만 생각났어요. 그런데 검룡소부터 충주호까지 한강을 따라가 보니 한강은 참 다양한 지형을 만들더라고요. 이런 지형을 하천 지형이라 하나요?

한자를 알면 공부하는 게 한결 쉬워지는데, 하천은 강하(河) + 시내천(川)이란 말이야. 이름 그대로 강과 시내를 같이 부르는 말이지. 하천은 비, 눈, 우박, 이슬 등이 모여서 산과 평야를 흐르다 호수나 바다로 흘러 들어가는 물줄기야.

그런데 물은 높은 곳에서 낮은 곳으로 흐르잖아. 그리고 한반도는 동고서저 지형이지. 그러니 한반도의 하천 대부분은 높은 동쪽에서 시작해서 서쪽(황해)과 남쪽(남해)으로 흘러.

하지 말대로, 하천은 흐르면서 땅의 모양을 다양하게 변화시켜. 이런 지형을 하천 지형이라 부르지. 그럼 하천은 어떻게 지형을 바꿀까? 물이 움직이면 힘을 가지게 돼. 물이 떨어지는 힘으로 물레방아도 돌릴 수 있지.

참, 선생님이 어렸을 적에 오래된 한옥에서 살았거든. 비가 오면 처마 밑으로 빗방울이 똑똑 떨어졌어. 비가 오면 항상 같은 곳으로 빗방울이 떨어졌는데, 놀랍게도 빗방울이 떨어진 땅바닥이 움푹 패었더라고. 물방울이 땅(암석)을 깎은 거야. 깎는 행동을 '침식'이라고 했지? 한 방울의 물이라도 오랜 시간 계속 떨어지면 단단한 암석도 깎아 낼 수 있지.

그런데 하천은 물의 양도 많고 같은 물길을 따라 오랜 시간 동안 계속 흐르잖아. 그러니 땅의 모습을 바꿀 만큼 힘이 세지. 하천은 흐르는 동안, 산의 모습을 바꾸고, 평야의 모습을 바꾸고, 바다의 모습도 바꿔. 침식, 운반, 퇴적 작용을 하면서 말이야.

하천이 시작되는 산(하천의 상류)에선 어떤 지형이 만들어질까? 산은 경사가 급하기 때문에 그 위로 흐르는 물은 빨리 흘러. 그런데 하

천의 물이 산비탈을 따라 아래로 흐르다가 약한 암석 위를 흐르게 된 거야. 약한 암석은 단단한 암석보다 더 많이 깎이겠지? 그렇게 주변의 암석보다 많이 깎여서 결국 다 깎여지면 어떻게 될까?

물이 흐를 암석이 깎여서 없어지니, 물이 더 이상은 흐르지 못하고 수직으로 떨어지게 되지. 이렇게 폭포가 만들어졌어. 검룡소에서 솟은 물이 비탈을 흐르다가 수직으로 툭 떨어지고 다시 흐르다 수직으로 툭 떨어지면서, 계단 모양의 폭포를 만들었지.

하천은 V자 모양의 깊은 계곡도 만들어. 동강에서 래프팅을 할 때, 동강 양쪽의 골짜기가 아주 좁아진 곳이 있었지? 동강을 흐르는 물줄기가 세서 강바닥을 깊게 팠기 때문에 아래로 깊고, 폭은 좁은 V자 계곡이 만들어진 거야.

기억하렴. 하천이 암석을 깎아서 만든 지형은 주로 강 상류에 나타나는데 폭포와 V자 계곡이야.

**충주호는 남한강을 막아서 만든 인공 호수예요. 충주댐이 강물을 막고 있죠. 흐르지 못하고 고인 물은 썩는다던데, 왜 댐으로 물을 가두나요?**

충주댐이 참 컸지? 충주댐은 저장할 수 있는 물의 양이 소양강댐 다음으로 많아. 충주댐이 강물을 막아 만들어진 충주호는 우리나라에서 가장 큰 인공 호수지. 그런데 네 말대로 물은 고이면 썩어. 그럼 왜 이렇게 거대한 댐을 만들어서 물을 막아 둔 걸까? 그건 하천을 더 잘 이용하기 위해서야.

여름 장마철을 떠올려 보면 우리나라는 비가 많이 오는 나라인 것 같지 않니? 우산을 쓰고 우비를 입고 장화까지 신고, 학교에 가잖아. 하지만 우리나라는 유엔에서 지정한 물 부족 국가야. 수도꼭지만 틀어도 물이 콸콸 나오고, 마트엔 생수가 가득한데 무슨 소리냐고?

1년 동안 구름에서 땅으로 떨어진 물의 양을 '연강수량'이라고 해. 비, 눈, 우박, 안개 등을 다 합친 양이지. 우리나라의 연강수량은, 평균 1,308mm 정도야.

이집트나 몽골처럼 비가 거의 오지 않는 곳도 아니고, 사막도 없는데 왜 우리나라가 물 부족 국가일까? 그 이유는 바로 인구가 많기

때문이야. 비가 오는 양(물의 양)은 정해져 있는데 나누어 쓸 인구가 많을수록 1명이 쓸 수 있는 물의 양은 적어지잖아.

또 우리나라의 기후 특징 때문이기도 해. 우리나라는 장마철이 속한 여름에 비가 몰려서 와. 어떤 해에는 연강수량의 절반 이상이 여름에 내리고, 홍수가 나기도 하지. 반대로 봄, 겨울에 가뭄이 들고. 그래서 계절마다 하천의 물이 넘치기도 하고, 바닥이 보일 정도로 물이 줄어들기도 해. 그런데 하천의 물이 많았다 적었다, 둘쑥날쑥하면 하천을 통해 물건이나 사람을 운반하기도 어려워. 하천의 물이 적을 땐 배를 띄울 수 없으니까.

또 다른 이유는 우리나라에 산이 많기 때문이야. 빗물은 평지보다 산에서 더 빨리 흘러가서 바다로 들어가. 경사가 많이 진 곳일수록 물이 빨리 흐르니까. 사람들이 빗물을 사용할 시간도 없이 바다로 흘러 들어가 버리는 거야. 강수량을 늘리거나 인구를 조절할 수는 없지만, 비, 눈 등이 많이 왔을 때 물을 저장하면, 비가 오지 않을 때도 물을 이용할 수 있어. 그래서 댐을 만들어 댐 안에 물을 저장하는 거야.

이왕 댐을 만드는 거면, 그 댐을 다양하게 이용하면 좋겠지? 그럼 댐을 이용하는 방법에는 뭐가 있을까? 우선 가뭄을 대비해서 댐 안에 물을 저장하는 방법이 있어. 가뭄이 들면 댐의 문을 열어 물을 흘려보내서 사람들이 물을 사용할 수 있게 해. 반대로 비가 많이 와서 홍수가 날 것 같을 때는 댐 안에 물을 막아서 한꺼번에 빗물이 아래로 흘러가지 않게 조절해.

그리고 댐으로 전기도 만드는 방법도 있어. 댐 아래쪽에 좁은 문을 만들어 물이 그 문을 통과해서 흐르는 힘으로 전기를 만들 수 있지. 또 댐의 문을 열어서 물이 아래로 쏟아지는 힘으로 전기를 만들기도 해.

참, 충주댐은 우리나라에서 전기를 가장 많이 만드는 댐이야. 또한 충주댐의 물을 깨끗하게 만들어서 서울과 수도권에 사는 사람들이 사용해. 그 물로 농사를 짓고 공장에서도 사용하지. 충주댐으로 조성된 인공 호수인 충주호에서는 유람선도 탈 수 있어 관광객을 불러 모으기도 하고. 정말 충주댐은 건설한 목적이 많은 다목적 댐이지?

### 이것만은 기억하자!

1. 우리나라는 계절에 따라 강수량이 들쑥날쑥한다. 그래서 하천 물의 양도 계절에 따라 들쑥날쑥한다.
2. 하천은 주변의 땅을 침식(깎는 것)해서 하천 상류에 폭포와 V자 계곡을 만든다.
3. 한반도의 큰 하천은 동쪽의 산에서 시작되어 황해와 남해로 흐른다.

하천은 상류에서는 물살이 빨라서 침식 작용을 많이 한다. 하천 상류에 나타나는 하천 지형이 뭐가 있는지 알아봤다.

- **하안 단구:** 하천 양쪽에 계단 모양으로 생긴 지형이다. 계단의 평평한 면에 농사를 짓거나 집을 짓고, 길로도 사용한다.

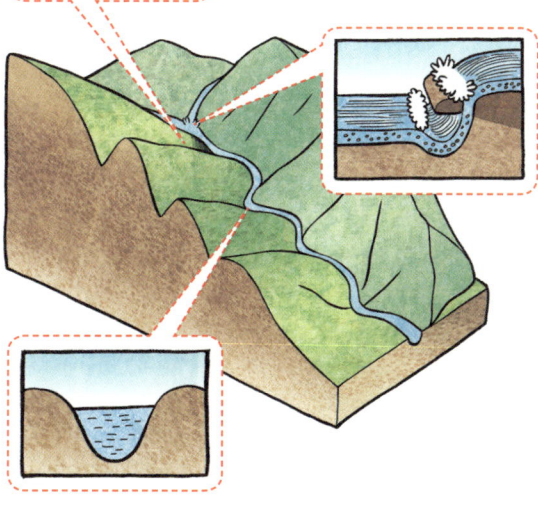

- **폭포:** 흐르는 하천 물이 수직으로 떨어져 내리는 것이다. 물이 흐르며 무른 암석을 침식시켜 절벽을 만들면 흐르던 물이 절벽 아래로 떨어지게 된다.

- **V자 계곡:** 하천 상류에서 나타나는 폭이 좁고 경사가 심한 계곡이다. 하천 상류는 물살이 빨라서 땅이 좁고 깊게 파인다. 그 결과 깊은 골짜기가 만들어진다.

111

## 발간 4일 전 ❷
## 평평하게 깎이고 소복하게 쌓인 평야
― 한반도의 다양한 평야 지형 ―

"여주평야, 이천평야는 둘 다 침식 평야야. 우리가 다녀온 충주는 침식 분지고. 평야 지형은……."

초록빛 물결이 일렁이는 여주평야를 지나며 지형학이 말했다.

세 사람은 경기도 양평의 두물머리(양수리:머리가 2개인 물)도 지났다. 검룡소에서 시작한 남한강과 금강산에서 시작한 북한강이 두물머리에서 만나 비로소 한강이 된 것이다. 세 사람은 한강을 따라 서쪽으로 계속 이동했다. 서울이 점점 가까워졌다.

"여주에서 먹은 밥이 제 인생에서 제일 맛있는 밥이에요. 식당 주인 아저씨도, 태종 임금이 '남한강 물로 지은 여주 쌀밥을 제일 맛있다.'고 했다잖아요."

황송하지는 배가 든든하니까, 길이 막혀 차가 거북이처럼 느려져도 괜찮았다.

"남한강이랑 북한강이 합쳐져서 한강이 엄청 넓어졌네요."

황송하지가 차 밖으로 한강을 보며 말했다. 다양한 모양의 한강 다리들이 띄엄띄엄 서 있는 모습이 신기했다.

"강 하류에는 범람원, 삼각주가 만들어져. 범람원, 삼각주는 강물이 싣고 온 자갈, 모래, 흙이 쌓인 충적평야야."

"그래서 우리는 한강이 만든 범람원, 그중에 자연 제방인 뚝섬을 보러 가고 있지."

지형학의 말을 이어, 제갈윤이 다음 목적지를 알려 줬다.

차는 내비게이션이 안내하는 대로 뚝섬을 향해 달렸다. 잠실대교를 지나자 내비게이션에서 '목적지에 도착했습니다.'라는 안내말이 나왔다. 제갈윤은 뚝섬한강공원 주차장에 차를 세웠다.

"여기가 자연 제방이라고요? 별로 '자연'스럽지 않은데요?"

황송하지가 주위를 둘러보더니 고개를 갸웃했다.

주차장에서 축구장과 캠핑장, 공연 무대, 수영장 등이 보였다. 뚝섬은 한강을 따라 길쭉한 모양의 넓고 깨끗한 공원 같았다.

"제방은 둑이랑 같은 말이야. 자연 제방은, 사람이 만든 제방이 아니라, 자연적으로 모래, 자갈 등이 쌓여 만들어진 제방이란 의미지."

"맞아요. 뚝섬은 한강물이 넘치면서 강을 따라, 제방이 쌓인 곳이죠. 해발 고도가 12m 정도 된다고 해요."

"아, 그래서 여기가 한강물보다 이만큼 높은 거구나."

황송하지는 새삼, 한강물을 내려다 보며 고개를 끄덕였다.

"개발이 되기 전엔, 뚝섬이 서울 시민들의 휴양지였다면서요? 바다로 피서를 가는 대신 뚝섬에 왔었다던대요."

"그나저나 서울은 워낙 개발을 많이 해서, 지형의 특징을 알아보기가 어렵겠습니다."

제갈윤은 옛 모습이 사라진 뚝섬이 아쉬웠다.

"그러게요. 장한평이 뚝섬의 배후 습지인데, 지금은 배후 습지의 모습은 찾아보기 어렵겠어요."

"그럼 배후 습지는 통과하고, 바로 장항습지로 가겠습니다! 너도 괜찮지?"

제갈윤이 황송하지에게 고개를 돌렸다. 분명 바로 옆에 있던 황송하지가 보이지 않았다.

"하지야! 하지야!"

제갈윤과 지형학이 자기를 찾는 소리를 들었지만 황송하지는 대답할 수 없었다. 마음이 급했다. 닭꼬치에 양념을 발라 다시 데워 주는 아저씨의 손에서 눈길을 뗄 수도 없었다. 제갈윤과 지형학이 이야기하는 동안, 황송하지가 공원 밖에 서 있는 포장마차를 발견했다. 황송하지는 바지 주머니에 든 것을 다 꺼냈다. 막대 사탕 비닐, 녹아서 끈적거리는 캐러멜, 휴지와 함께 지폐가 뭉쳐서 나왔다.

"앗싸!"

황송하지는 닭꼬치를 받자마자 제갈윤에게 달려왔다. 제갈윤은 황송하지를 보고 얼굴이 환해졌다가, 황송하지의 손에 들린 닭꼬치는 발견하고는 표정이 굳어졌다. 황송하지는 한 번도 제갈윤이 화난 모습을 본 적이 없다.

"제갈 삼촌, 미안해용. 닭꼬치가 자꾸만 나를 불러서……."

황송하지는 항상 제갈윤을 웃게 만들었던 '눈 안 보임 웃음'을 지었다. 그런데도 제갈윤은 여전히 굳은 표정이었다.

"하지야, 너 설마, 하나만 샀니?"

"돈이 부족해서……. 삼촌, 아!"

황송하지가 두 조각을 먹고 남은 닭꼬치를 얼른 제갈윤 입에 가져 댔다. 제갈윤은 지형학에게 양보했다.

"어? 맛있네요!"

지형학이 천천히 닭꼬치의 맛을 음미하며 고개를 끄덕였다. 그러자 제갈윤이 쿵쿵쿵 달려가서 닭꼬치 여섯 개, 핫도그 세 개를 사 왔다.

제갈윤이 차에 타자마자, 소나기가 쏟아졌다. 비 오는 공원, 차 안에서 간식을 먹으며 황송하지는 취재 수첩에 오늘 본 내용들을 적었다. 옛날에는 이렇게 폭우가 쏟아지면, 한강이 넘쳐서 뚝섬을 만들고 뚝섬 뒤로 배후 습지인 장한평도 만들었을 거란 생각이 들었다. 이 생각도 수첩에 적었다.

"어머, 제가 닭꼬치 두 개랑 핫도그 한 개를 다 먹은 건가요?"

지형학이 나무꼬치 세 개를 흔들었다. 놀라서 입이 다물어지지 않았다. 두 사람과 다니면서, 군것질의 참맛도 깨닫고 위도 커졌나 보다.

빗줄기가 약해지자, 세 사람은 여의도에 잠깐 들렀다. 황송하지가 '기자라면 당연히, 국회의사당에 로봇 태권브이가 산다는 소문을 확인해야 한다.'고 주장했기 때문이다. 사실 지형학도 그 소문이 그럴 듯하다고 생각했다. 게다가 여의도는 한강 속에 있는 섬, 하중도 중에 유일하게 사람이 사는 섬이기도 했다.

"역시 '소문은 소문일 뿐, 믿지는 말자.'였네요. 하하하."

"그렇지?"

황송하지과 지형학이 서로를 위로했다. 솔직히, 국회의사당의 둥근 지붕이 스르르 반으로 갈라져 열리며, 태권브이가 솟아오르리라 믿은 건 아니다. 하지만 그러면 얼마나 멋질까 상상하기는 했다. 황송하지는 이제 정말로 취재에만 집중하기로 다짐했다.

세 사람은 이제, 한강이 만든 장항습지로 향했다.

장항습지는 군사 지역이라 아무나 들어갈 수 없다. 아무 때나

들어갈 수도 없다. 북한 사람이 넘어오지 못하도록 철조망이 가로막고 있다. 다행히 장항습지는 고양 장항습지 탐방 센터에 미리 예약을 하면 들어갈 수 있다.

황송하지와 제갈윤은 탐방 센터에서 서류를 작성하고, 예약한 다른 사람들과 함께 장항습지에 도착했다. 고양 환경 단체 회원이 일행을 맞아 장항습지를 안내해 주었다.

"뒤에는 군인 아저씨가 우릴 지키고요."

황송하지가 탐방 일행의 뒤를 늠름하게 지키며 따라오는 군인을 슬쩍 보며, 제갈윤에게 속삭였다. 지형학은 장항습지에는 처음 온다며 흥분했다.

"이곳 장항습지는 한강 하구에 있습니다. 김포와 고양시 사이에 있죠. 우리나라를 대표하는 큰 강 중에서 한강에만 하굿둑이 없어요. 그래서 바닷물이 한강으로 밀고 들어와서 서로 섞이죠. 이런 곳을 기수역이라고 해요. 그래서 모래무지, 농어, 장어, 망둥어, 누치, 강준치, 메기 같은 다양한 물고기들이 살아요. 이곳은 군사 지역이라 사람들이 드나들지 않은 자연 그대로의 생태계가 보존된 곳입니다."

안내 선생님이 장항습지를 소개했다.

장항습지 수풀 속에는 고라니가 뛰어놀고, 물가엔 새들이 가득했다. 땅 위엔 게가 두 팔을 벌린 채 바삐 돌아다녔다.

"이곳은 우리나라에서 버드나무가 제일 많이 모여 있는 곳이에요. 저기 버드나무 밑에, 손바닥만 한 말똥게가 많죠? 여기저기 게구멍이 뽕뽕 뚫려 있답니다."

지형학은 장항습지의 모습을 눈에 다 담아가려는 듯 이곳저곳을 훑어보았다. 너구리 똥을 밟았는데도 즐겁기만 했다. 제

갈윤도 열심히 사진을 찍었다.

물이 밀려나간 갯벌엔 새끼손톱만 한 펄콩게가 가득하고, 얕은 물에선 처음 보는 새들이 물고기를 잡고 있었다.

"저 새가 백로예요. 해오라기도 여름을 이곳에서 보내죠. 가끔은 멸종 위기종인 저어새도 볼 수 있어요. 참, 우리나라에서 사라졌다고 걱정했던 삵도 살아요."

안내 선생님의 말을 들으며, 황송하지는 감탄을 거듭했다. 특히 멧밭쥐 새끼들을 발견했을 때는 근처에 있던 고라니가 놀라

달아날 정도로 소리를 질렀다.

"으악! 뭐야, 뭐야, 뭐야! 너무 너무 너무 귀여워요!"

풀과 새털을 엮어서 만든 공 모양의 둥지 속에 새끼 멧밭쥐 두 마리가 고개를 내밀고 관람객을 빤히 쳐다보고 있었다. 황송하지가 멧밭쥐가 둥지 밖으로 나올 때까지 기다리겠다고 고집을 피웠다. 하지만 제갈윤이 겨우 달래서 일행을 뒤따라갔다.

"이곳에서도 낚시를 할 수 있습니까?"

제갈윤이 안내 선생님에게 물었다.

"이 근처에 사시는 분들만 군부대의 허락을 받고 몇 시간 동안만 물고기를 잡을 수 있어요. 강물과 바닷물이 섞이는 곳이라 다양한 물고기가 살죠."

"여기에서 한강이 끝나는 건가요?"

"그건 아니에요. 한강은 북한에서 내려온 임진강을 만난 후 김포평야를 돌아서, 함께 황해로 들어가요."

"김포평야는 한강이 만든 퇴적 평야죠?"

"잘 알고 계시네요. 김포평야뿐 아니라 일산평야도 퇴적 평야랍니다."

제갈윤의 질문에 대답하며, 안내 선생님이 미소지었다.

지형학과 황송하지는 장항습지를 떠나는 게 아쉬웠다.

"저 아름다운 곳이 군사 지역이라는 게 정말 아쉬워. 아니야, 군사 지역이라 개발을 하지 못해서 자연 그대로 남아 있을 수 있었던 거지. 아, 떠나기 싫다. 우리, 다음에 꼭, 꼭, 꼭 다시 오자."

지형학의 말에 황송하지가 고개를 끄덕였다. 아직도 귀여운 멧밭쥐가 눈앞에 아른거렸다.

제갈윤은 두 사람을 달래서 차에 태웠다.

이틀 동안 쉴 새 없이, 한반도의 산지 지형, 하천 지형, 평야 지형을 둘러봤다. 이제 오성으로 되돌아갈 시간이다.

**여주평야랑 이천평야는 침식 평야라고 하셨죠? 혹시 침식 평야는 하천이 암석을 침식해서 만든 건가요?**

맞아, 맞아! 침식 평야는 이름 그대로 침식작용으로 만들어진 평평한 땅이야. 하천에 깎이기도 하고, 비, 바람 등에 의해 깎이기도 하지. 3장에서 우리나라 땅은 아주 오래된 땅이라고 했지? 오랜 시간 동안 비, 바람, 하천에 깎여서 평평해진 땅이나 낮은 구릉(언덕)을 침식 평야라고 해.(고위 평탄면도 평평한 땅이지만 고도가 높은 땅이지.) 여주평야, 이천평야처럼, 침식 평야는 농사를 짓기도 하고 과수원이나 목장 등으로 이용하기도 해.

침식 평야 중에 침식 분지라는 지형이 있어. 분지는 대접처럼, 가운데가 움푹 팬 지형을 말해. 땅은 여러 암석이 섞여 있는데, 가운데 있는 약한 암석이 비, 바람, 하천에 더 많이 침식되면, 움푹 파이게 돼. 주변의 암석은 여전히 높게 남아서 산이 되고. 이런 땅의 모양을 분지라고 해. 그래서 침식 분지는 하천 주변에 많이 생겨.

침식 분지는 앞에는 하천이 있고 뒤에는 산이 있어서, 옛날부터 사람이 살기 좋은 곳이라 여겼어. 하천이 있으니 마시고, 씻고, 농사를 짓고, 물고기도 잡을 수 있어. 또 뒷산에선 산나물을 캐고, 나무를 해서 불을 떼고 집을 짓지. 산이 바람을 막아 주고, 성벽처럼 마을을 지켜 주기도 해. 그래서 우리나라의 큰 도시는 대부분 침식 분지에 있어. 서울, 춘천, 대구, 충주, 안동 등이 침식 분지야.

하천은 강 옆에 계단처럼 층층이 올라가는 지형을 만들기도 해. 동강에서 래프팅을 할 때, 하천 옆으로 계단 모양의 지형을 봤지? 이런 지형을 하안 단구라고 해. 하안 단구도 하천이 침식해서 만들지.

침식 평야는 비와 바람, 하천에 깎여서 만들어진 평야지만, 하천에 있던 흙, 모래, 자갈 등이 쌓여 만들어진 퇴적(충적) 평야도 있어.

퇴적 평야에는 범람원이 있어. 물이나 사물이 차고 넘치는 것을 '범람'이라고 하지? 하천이 범람해서 만든 지형이 범람원이야. 범람원은 하천의 중·하류에 주로 생기는데, 자연 제방과 배후 습지로 이

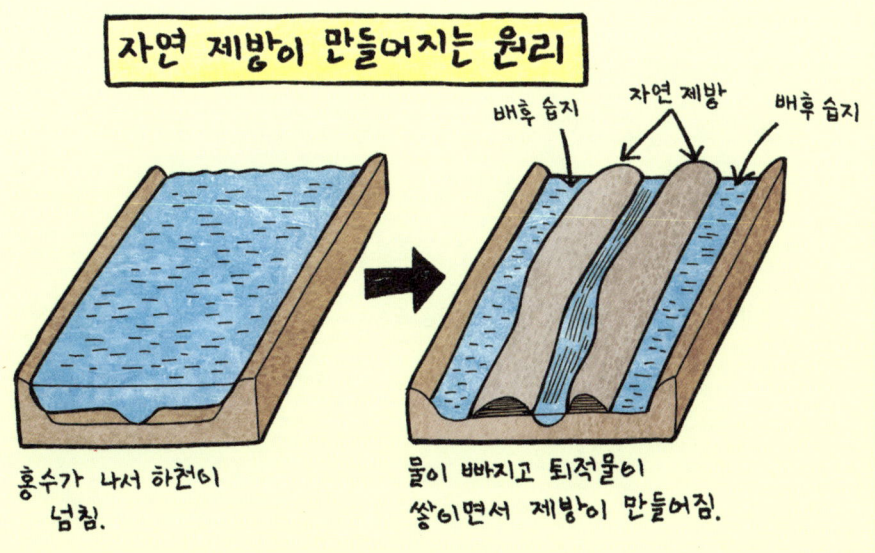

루어져. 맞아, 우리가 함께 간 서울의 뚝섬이 자연 제방이지.

　하천이 운반하던 자갈, 모래, 흙이 홍수가 나면 하천 밖으로 넘쳐. 그런데 자갈, 모래는 무겁기 때문에 멀리 못 가고 하천 바로 옆에 가라앉아 버리지. 하천 양옆에 쌓이는 거야. 홍수가 날 때마다 하천 양옆에 모래 등이 계속 퇴적돼. 제방(둑)을 쌓듯이 말이야. 그래서 이 지형을 자연 제방이라고 불러. 사람이 만든 제방은 인공 제방이지.

　자연 제방은 하천보다 높기 때문에 홍수 피해가 적어. 또 자갈이나 모래처럼 입자가 큰 물질이 쌓인 곳이라 그 사이로 물이 잘 빠져. 그래서 사람들은 넓은 자연 제방에 마을을 만들고, 밭이나 과수원으로 이용했어. 좁은 자연 제방은 길로 이용하지.

　그런데 하천물이 넘칠 때, 가벼운 흙, 진흙은 더 멀리까지 쓸려가서 쌓여. 자연 제방 뒤에 쌓이는 거야. 이렇게 자연 제방 위에 흙, 진흙 등이 쌓인 지형을 배후 습지라고 해. 배후는 '무언가 혹은 누군가의 뒤에 있다'는 뜻이야. 습지는 물기가 많은 땅이고. 결국 배후 습지는 자연 제방 뒤에 있는 습기가 많은 땅이란 거지.

　배후 습지는 입자가 고운 흙이 쌓인 거라 물이 잘 빠지지 않아서 습지가 된 거야. 그래서 물을 빼는 시설을 갖춰서 논으로 이용해.

　범람원의 모습을 상상해 보자. 하천이 가운데 있고, 그 양옆으로 자연 제방과 배후 습지가 차례로 있겠지?

### 한강 속에 여의도가 있어요. 혹시 하천이 만드는 지형이 더 있는 건가요?

앗, 눈치챘구나. 하천은 강 상류에 퇴적 지형을 만들어. 부채꼴 모양의 선상지야. 좁은 산골짜기 사이를 빠르게 흘러 내려오던 물이 평지에 닿으면 속도가 느려지겠지? 그래서 하천에 섞여서 떠내려오던 자갈, 모래, 흙 등이 골짜기와 평지가 만나는 곳에 쌓이게 돼. 그게 선상지야. 부채꼴 모양이지.

우리나라는 산이 낮아서 산을 타고 내려오는 하천의 속도가 별로 빠르지 않아. 그래서 선상지가 별로 없어. 그래도 경상남도 사천 선상지와 전라남도 구례의 화엄사 선상지는 선상지의 모습을 잘 간직하고 있지.

하천 중·하류는 상류보다 훨씬 강의 폭이 넓고 경사도 완만하기 때문에, 하천의 속도가 느려져. 그래서 하천에 실려 내려오던 모래, 흙 등이 강 중간에 퇴적되기도 해. 모래, 흙이 계속 쌓이면 강물 위까지 쌓이겠지? 강 속에 섬이 만들어지는 거야. 강 속에 있는 섬을 하중도라고 해. 강(강하 河) 가운데에(가운데중 中) 섬(섬도 島)이지.

한강 하류에는 섬이 많았어. 미사리, 잠실, 선유도, 노들섬, 저자도, 여의도, 밤섬, 난지도 등이 있지. 그중에 사람이 살고 있는 섬은 여의도뿐이야. 잠실, 미사리, 난지도 등은 육지와 연결해서 지금은 섬이 아니거든. 밤섬은 원래 마을이 있는 큰 섬이었는데, 폭파해서 그 돌로 여의도를 넓히는 데 사용했어. 그런데 한강이 운반해 온 흙이 밤

뚝섬에서 만난 철새 왜가리를 그려보았음.

섬에 계속 쌓이면서 밤섬이 점점 커져 갔지. 지금은 밤섬에 습지가 만들어져서 철새들의 쉼터가 되었어.

낙동강에도 하중도가 있어. 철새가 많이 찾아오는 을숙도야. 참, 역사에 등장하는 하중도도 있어. 조선을 건국한 이성계가 위화도에서 군대를 돌려, 고려를 무너뜨리고 조선을 세웠지? 위화도 역시 압록강의 하중도란다.

강이 바다와 만나는 곳에는 삼각형 모양의 퇴적 지형이 생겨. 바다가 하천보다 훨씬 넓지? 하천이 넓은 바다를 만나면 속도가 느려져.

하천을 바다가 막고 있는 셈이니까. 그래서 하구까지 운반해 온 고운 모래, 흙이 퇴적되지. 이런 지형을 삼각주라고 해. 우리나라에서는 낙동강에 삼각주가 발달했어.

큰 강 하류에는 습지도 있어. 우리가 갔던 장항습지는 한강이 바다와 만나면서 만들어낸 습지야. 우포늪도 우리나라를 대표하는 습지이고.

### 이것만은 기억하자!

하천은 암석을 깎는 침식 작용, 깎인 암석 부스러기(자갈, 모래, 흙 등)를 나르는 운반 작용, 운반한 암석 부스러기를 쌓는 퇴적 작용을 한다.

1. 하천이 침식해서 만든 지형은 하안 단구, 폭포, V자 계곡, 침식 분지 등이다.
2. 하천이 퇴적해서 만든 지형은 선상지, 범람원, 삼각주, 하중도 등이다.

황송하지의 취재자료

하천은 산에서 시작되어 바다로 흘러들 때까지 다양한 퇴적 지형을 만든다. 상류에는 선상지, 중·하류에는 범람원(자연 제방+배후 습지)과 하중도, 하구에는 삼각주가 만들어진다. 하천이 만든 퇴적 지형이 어떻게 생겼는지 알아봤다.

- **선상지**: 골짜기 사이를 빠져나온 하천물이 평지를 만나면 속도가 느려진다. 그러면 물에 섞여 흘러오던 자갈, 모래 등이 부채꼴 모양으로 퇴적된 지형이다. 주로 자갈, 굵은 모래가 퇴적된다. 하천 상류에 만들어진다.
- **범람원**: 하천이 범람할 때, 하천이 운반하던 모래, 흙 등이 하천 양 옆에 퇴적된 지형이다. 자연 제방과 배후 습지로 이루어진다.
- **자연 제방**: 하천보다 높아서 홍수 피해가 적다. 입자가 큰 모래가 많기 때문에, 물이 잘 빠진다. 그래서 마을이나 밭, 과수원 등으로 이용하고, 폭이 좁은 자연 제방은 길로 이용한다.
- **배후 습지**: 자연 제방 뒤에 만들어지는 퇴적 지형이다. 자연 제방보다 고도가 낮고, 흙과 진흙이 퇴적된 지형이라 물에 잠길 때가 많다. 그래서 배수 시설을 갖춰 논으로 이용한다. 하천 중·

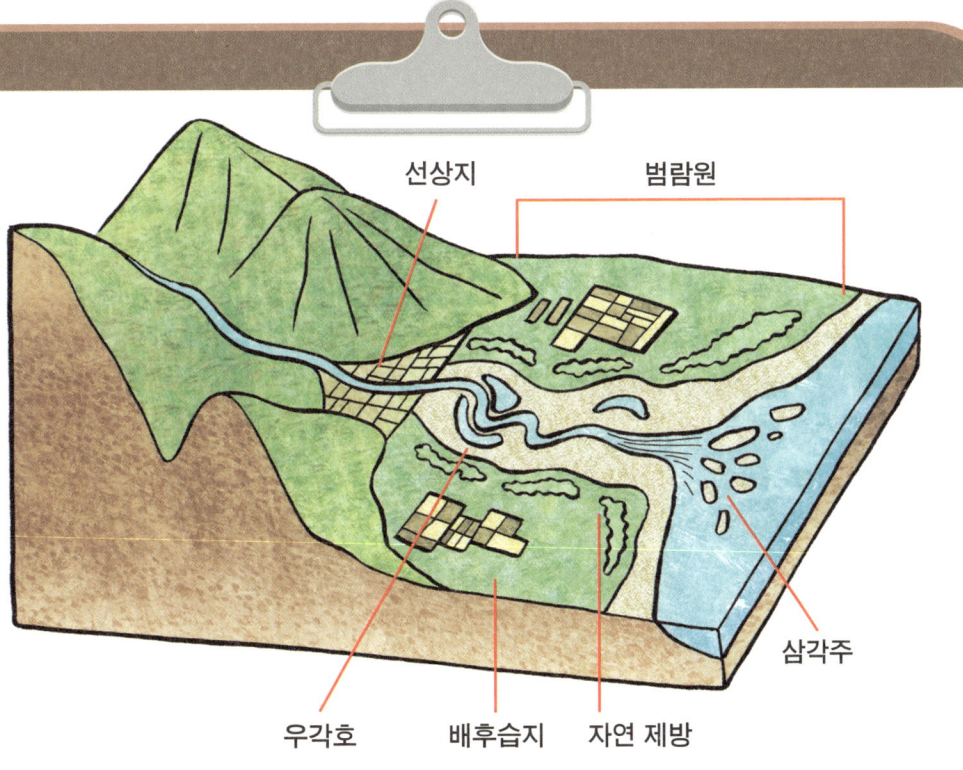

하류에 만들어진다.

- **우각호**: 예전엔 하천의 일부였지만, 물길이 바뀌면서 더 이상 물이 흐르지 않게 된 호수다. 소뿔 모양으로 생겨서 우각호(牛소우, 角뿔각, 湖호수호)라 한다. 하천 중류에 생긴다.
- **삼각주**: 하천은 바다와 만나는 지점에서 속도가 느려진다. 그래서 운반해 온 흙이 삼각형 모양으로 퇴적된 지형이다. 하천 하류에 생긴다.

**발간 2일 전 ❶**
**파도에 맞서는 암벽과**
**푹푹 빠지는 갯벌**
-한반도의 다양한 해안 지형-

"아, 드디어 병원 졸업, 취재 시작이군요."

호리병이 나른한 목소리로 황소, 한별님을 돌아봤다. 통신문 기자 세 명은 오늘부터 취재를 시작한다.

"아, 저는 동해로 갈래요. 부산 해운대와 태종대가 저를 불러요."

"저는 남해의 해안 지형을 취재하겠습니다. 취재를 끝내고 꼬막 정식만 먹고 바로 돌아오겠습니다."

"난, 제주도……."

"불공평해요."

한별님과 호리병이 동시에 황소에게 투덜댔다. 황소가 두 사람을 매섭게 노려봤다.

"내가 가위바위보에서 이겼잖아."

"나도 제주 똥돼지를 먹고 싶은데……."

한별님이 웅얼거렸다.

그동안 취재를 못 해 안달이 난 황소, 한별님, 호리병은 우리나라의 지형 중 해안 지형과 화산 지형을 취재하기로 했다. 세 기자는 '파이팅!'을 외치며 흩어졌다.

### 호리병의 취재 수첩

"저 절벽이 파도가 깎아서 만든 해식애인가?"

호리병이 부산 태종대의 절벽을 카메라로 찍었다. 한여름이지만 바람이 세고, 깎아지른 절벽 아래로는 파도도 거셌다.

"그런데 여기가 해안 맞아? 자고로 해안이라면 모래가 소복소복 밟혀야 하는 거 아닌가?"

호리병은 작은 눈을 번뜩이며, 절벽 아래에 모래사장이 있는지 찾아보았다. 없다. 호리병은 영도등대를 향해 걸었다. 등대 아래 난간에 기대 동해를 내려다보니, 그 속을 알 수 없을 만큼 깊다.

갯벌에서 천천히 바다가 깊어지는 황해와 달리 이곳에선 바다로 이어진 바위산이 갑자기 싹 잘린 듯, 산과 바다가 맞대 있다. 맑은 날이면 일본 쓰시마 섬도 보인다는데, 오늘은 보이지 않았다.

호리병은 암석 해안인 태종대의 모습을 사진에 담았다. 하지만 등대에서 보이는 풍경으로 만족할 호리병이 아니다. 호리병은 매의 눈으로 주변을 샅샅이 살폈다. 그러다 둥근 자갈로 덮인 해안을 발견했다.

'오호! 몽돌해안이군.'

호리병은 얼른 해안으로 달려갔다. 반짝반짝 윤이 나는 둥근 자갈이 해안에 가득했다. 자갈은 바다에 가까울수록 작아졌는데, 가만히 귀를 기울이니 '좌르르 좌르르' 하는 소리가 들렸다. 바위가 파도에 밀려 굴러가는 소리다. 태종대는 과연 태종 무열왕이 활쏘기 연습을 했을 만큼 멋졌다.

'하지만…….'

호리병은 아쉬움에 고개를 저었다. 그러다 귀가 번쩍 뜨이는 말을 들었다.

"역시 바다 위에서 먹는 회 맛이 끝내준다니까."

호리병은 옆을 지나가는 일행들 사이로 파고들어, 고개를 쑥 들이밀었다.

"뭘 드신다고요? 끝내주는 횟집이라고요? 어디죠, 거기가? 가까웠으면 좋겠는데……. 아니에요, 거리 따위는 중요하지 않아요. 맛이 중요하죠, 양도 중요하고!"

호리병의 등장에 깜짝 놀란 일행 중 한 명이 '저쪽으로 가다 보면, 절벽 아래로 내려가는 계단이 나온다. 계단을 내려가면 간이 횟집이 몇 개 있다.'고 알려 줬다. 호리병은 가슴 앞으로 두 손을 모은 채 말했다.

"아, 정말 감사해요. 아, 제 생명의 은인이세요."

점심 시간인 열두 시에서 4분 27초나 지나 있었다.

"황소 한 마리, 아냐 황소는 우리 팀장님 이름이기도 하니까, 돼지 한 마리라도 먹을 수 있을 것 같아."

호리병은 참으로 허기졌다.

호리병은 황당해하는 일행을 지나 쿵쾅거리며 달렸다. 아까

는 안 보였는데, 다른 방향에서 보니 등대 아래로 난 계단이 있었다. 이 계단을 내려가면 너른 바위가 있고, 그 위에 해녀들이 회 좌판을 벌여 놓은 것이 보였다. 절벽 해안에서 볼 수 있는 파식대다. 호리병은 가파른 계단을 구르듯 내려갔다.

"어?"

계단을 내려가는 중간에, 옆으로 이어진 좁은 길이 있었다. 호리병은 회를 살짝 미루고 해안 절벽을 둘러싸듯 이어진 좁은 길을 따라갔다. 그 길은 파식대로 유명한 신선바위로 이어졌다. 신선바위는 신선이 하늘에서 내려와 놀았다고 지어진 이름이다. 그 옆에는 바다에 나간 남편을 기다리다 돌이 되었다는 전설이 깃든 망부석이 있다. 호리병은 얼른 사진을 찍었다. 태종대에서 다양한 해안 지형을 볼 수 있었다.

호리병은 등대 아래, 횟집으로 서둘러 갔다.

"이곳이 천국이구나. 무릉도원이 따로 없어!"

호리병은 바다 냄새가 가득한 해삼을 씹으며 감탄했다. 바다와 맞닿은 평평한 바위 위에 앉아 해삼, 멍게, 산낙지, 광어회를 먹는 맛이란! 입천장에 떡 달라붙은 낙지 다리를 혀끝으로 떼어 씹는 맛이란……! 정말 고소했다!

"아, 해녀 아줌마, 고 펄떡이는 녀석도 먹을게요. 한 접시 추가!"

호리병은 이곳에서 파는 모든 해산물을 종류대로 다 먹을 작정이다. 물론 사진도 찍었고, 횟집을 운영하는 해녀와 관광객들의 인터뷰도 완벽하게 해 두었다. 허리띠를 풀어, 구멍 두 개를 앞으로 옮겼다.

"아으, 미쳤어, 미쳤어. 내가 먹을거리에 미쳤어."

호리병이 머리를 통통 치다가, 다시 불룩 튀어나온 배를 툭툭 쳤다. 벌써 3시가 넘었다. 동해안의 특징인 모래 해안을 사진에 담아야 하는데, 회맛에 홀려 시간 가는 줄 몰랐다. 호리병은 택시를 타고 해운대로 달렸다. 부산이 동해와 남해의 특징을 다 가진 곳이라 다행이다.

우리나라에서 피서객이 가장 많은 곳답게, 해운대는 튜브를 끼고 물장난하는 아이들, 맨발로 바닷물을 튕기며 산책하는 사람들, 공놀이를 하는 사람들로 붐볐다. 해운대는 파라솔이 가장 많은 해수욕장으로 기네스북에 오른 곳이다.

호리병은 해운대 근처에 가장 높은 건물 옥상으로 올라가 해운대의 모습을 찍었다. 옛날에는 모래 해안 뒤에 나무가 심어진 낮은 사구, 모래언덕이 있었다. 나무 밑에 돗자리를 깔고 통닭이랑 김밥을 먹고 쉴 수 있었다. 그런데 지금은 모래사장 바로 뒤까지 도로가 나 있다.

호리병은 양말을 벗어 운동화 속에 밀어 넣었다. 운동화를 손에 들고 모래 해변에 발을 디뎠다. 모래를 밟는 발이 따끔거리기도 하고, 간지럽기도 했다. 호리병은 바다로 들어가 바닷물을 첨벙이며 걸었다. 태종대와 달리, 해운대의 바다는 깊지 않았다. 호리병은 모래사장을 자세히 살펴보았다. 해운대의 모래는 하천에서 쓸려 내려온 모래와 부서진 조개껍데기들이다.

수영복을 입은 피서객들이 지나갔다. 호리병은 몸무게 99kg을 달성하지 못한 자신에게 짜증이 났다. 태종대에서 회 세 접시를 먹은 일이 후회되었다. 호리병은 느슨하게 푼 허리띠를 다시 바짝 조였다. 허리띠 구멍 두 개를 줄이려고 했지만 실패했다.

"아, 무리야, 무리!"

호리병은 뜨끈뜨끈하게 달궈진 모래에, 준비해 간 수건을 깔고 누웠다. 지금까지 찍은 사진을 확인하고, 취재한 내용을 노트북에 정리했다.

옆 파라솔에서 남매처럼 보이는 아이들이 호리병을 보고 싱긋 웃었다. 남자아이의 앞니가 두 개나 빠져서 귀엽다. '너희는 내가 웃기냐?'라고 물을까 하다, 그냥 못 본 척했다.

몸을 뒤집어 하늘을 보고 누웠다. 취재도 잘 했고, 배도 부르고, 싱싱한 회도 먹었다. 따뜻한 모래 해변에 누워 시원한 바닷바람을 맞으니, 정말 좋았다. 호리병은 아예 허리띠를 풀어 버렸다. 그러곤 곧 잠이 들었다.

호리병은 키득키득거리는 소리에 눈을 떴다. 아까 그 남매가 호리병 양쪽에 앉아 입을 가린 채 웃음을 참고 있다. 얼굴이 다 빨갰다. 호리병이 잠든 사이, 아이들이 호리병 몸에 모래를 쌓았다.

"핸드폰 줘 보세요. 사진 찍어 줄게요."

여자아이가 호리병에게 손을 내밀었다. 아이가 사진을 찍어 호리병에게 보여 줬다. 사진에 찍힌 호리병의 모습은 에메랄드

빛 바다 거품에서 태어난 아프로디테보다 멋졌다. 무엇보다 자신의 얼굴과 아주 잘 어울리는 날씬한 모래 몸매에, 호리병은 36년 만에 속 시원하게 폭소를 터뜨렸다.

"크하하하하! 어린이들, 짱!"

### 한별님의 취재

"바구니 가득, 꼬막을 캐야지."

한별님은 벌교에서 갯벌 체험 프로그램에 참가했다.

먼저 물로 몸을 적신 후, 고운 진흙이 가득한 갯벌에 발을 디뎠다. 넓고 평평한 갯벌이 바닷속까지 이어졌다. 주변을 둘러보니, 리아스 해안답게 해안이 꼬불꼬불했다. 바다 바로 앞에서부터 저 먼바다까지, 이름도 모르는 작은 섬들이 총총히 솟아 있었다.

"역시 다도해답군. 자, 그럼 갯벌에 들어가 볼까. 으악!"

한별님은 갯벌에 발을 들이는 순간, 비명을 지르며 앞으로 자빠지고 말았다. 왼쪽 다리가 진흙에 쑥 빠졌다. 한별님은 허리에 잔뜩 힘을 주고 왼쪽 다리를 당겼다. 하지만 진흙이 철썩 달

라붙어, 가뜩이나 무거운 다리가 더 무거웠다.

"어?"

오른발로만 버티며 왼발을 올리려다 보니, 어느새 오른발도 슬슬 진흙에 묻히고 있었다.

"어, 어, 어!"

왼쪽 다리가 진흙 속에 무릎까지 빠져서 기우뚱하게 섰던 한별님이 휘청휘청했다. 양팔을 돌리며 균형을 잡으려 했지만, 이미 늦었다. 결국 한별님은 갯벌에 털썩, 주저앉아 버렸다. 한별님이 양손으로 왼쪽 바짓단을 잡아당겼다. 쑤우욱 하는 느낌과 함께, 갯벌에서 왼발이 올라왔다. 양말이 벗겨질 둥 말 둥 발가락 끝에 대롱거렸다.

"내 장화!"

한별님은 다리가 빠져나온 갯벌 구멍이 점점 좁아지는 것을 보고 소리쳤다.

평소에 한별님은 체크무늬 나비넥타이와 새하얀 셔츠를 즐겨 입는 멋쟁이다. 그동안 한별님이 카멜레온처럼 돼지 농장 노동자, 중국집 주방장, 뱃사람으로 변신하여 잠입 취재를 할 수 있었던 것도 한별님의 뛰어난 패션 감각 때문이다.

한별님은 때와 장소, 직업에 딱 맞는 복장으로 변신했다. 오늘도 갯벌에 완벽하게 어울리는 복장을 준비했다. 체험 후에 버려도 되는 낡은 바지와 긴팔 티셔츠, 손바닥만 한 그늘도 없는 갯벌에서 햇볕을 가려 줄 챙 넓은 모자도 준비했다. 얼굴에 진흙이 튈 수도 있으니, 목에는 작은 수건도 둘렀다. 무엇보다 무릎 아래까지 오는 장화를 준비했던 것이다.

"이번엔 부족했어. 더 긴 장화를 준비했어야 했다고."

한별님은 진흙이 가득 들어가 무거워진 장화를 흔들어 진흙을 쏟으며 중얼거렸다.

갯벌이 입자가 고운 진흙밭이라, 넘어져도 아프지 않았다. 오히려 너무 고와서 밀가루 반죽처럼 온몸에 달라붙어 떨어지지 않았다. 한별님은 만반의 준비를 끝내고 일어나려고 했으나 또 넘어졌다. 겨우 일어나 다시 갯벌을 걸었다. 오른발이 갯벌에 빠지고 다시 왼발이 빠지고 또 넘어지고…….

"갯벌아, 나를 놓아다오. 아, 갯벌은 조개를 캐는 곳이 아니라, '넘어지는' 곳이었던 것인가?"

한별님은 아예 누워 버렸다. 무거운 진흙을 붙이고 다니려니 숨이 턱까지 찼다.

그때 무언가 빠르게 다가오는 느낌이 들었다. 고개를 돌아보니, 어촌 주민들이 뻘배를 타고 쉬이익 쉬이익 갯벌 위를 미끄러져 나가는 게 아닌가.

"바로 저거야!"

한별님은 일어났다. 그리고 네 발로 기어갔다. 발이 넷이라 그런 것은 아니겠지만, 걷는 것보다는 훨씬 빨랐다.

갯벌 중간쯤 도착해서 철퍼덕 갯벌에 앉았다. 아무것도 없는 것처럼 보였던 갯벌 위엔 게와 고둥이 북적였다. 그 주변엔 갯벌 생물들이 판 구멍과 구멍을 파고 나온 진흙 덩어리가 가득했다.

한별님은 갯벌에서 걷는 건 서툴렀지만, 갯벌에서 먹거리를 찾는 능력은 탁월했다. 꼬막, 바지락, 칠게, 고둥 심지어 낙지도 한 마리를 잡았다. 갯벌이 움푹 파인 갯고랑에서 몸에 좋은 함초와 칠면초 줄기도 꺾었다. 바구니가 가득 찼다.

"이봐요, 물 들어와요. 저 양반이 아직도 저러고 있네."

뻘배를 타고 갯벌에서 일하던 아주머니들이 갯벌 밖에서 한별님에게 손짓했다. 바다 쪽을 보니, 어느새 갯벌이 좁아지고 바닷물이 성큼 다가와 있다. 밀물이다.

"이키!"

한별님은 급하게 일어나, 역시 급하게 걸으려 했지만, 역시나 첫걸음에 앞으로 넘어지고 말았다. 손에 든 바구니를 쏟지 않으려고 감싸느라 그만, 얼굴부터 갯벌에 처박히고 말았다.

"우푸프. 엉?"

한별님이 진흙 범벅인 얼굴을 들다가 무언가와 눈이 마주쳤다. 갯벌 위를 나는 듯 뛰어다니느라 뒷모습만 봤던 짱뚱어가 눈을 뛰룩거리며 한별님을 보고 있었다. 하지만 짱뚱어는 곧 어딘가로 뛰어가 버렸다.

"잘 가! 다시 만나자!"

한별님은 떨어뜨린 조개들을 바구니에 주워 담고는, 겸손하게 네 발로 기어 갯벌을 벗어났다. 하지만 기뻤다. 곧, 요 탱탱한 조갯살을 삶아 먹을 테니까. 허허.

동해는 일본이 한반도에서 떨어져 나가고, 그 사이에 바닷물이 들어와 만들어졌잖아요. 그럼, 황해랑 남해는 어떻게 만들어졌나요?

황해, 남해는 중국 대륙과 연결된 육지였어. 한반도와 중국 사이에 엄청나게 넓은 평야가 있었던 거지. 그러다 기온이 따뜻해지면서 빙하가 녹았어. 바닷물이 많아지고 바다 높이가 더 높아졌지. 한반도와 중국 사이의 평야는 바닷속에 잠겼고. 그렇게 황해와 남해가 만들어졌어. 그래서 황해와 남해는 바다 깊이가 얕아. 특히 황해는 평균 깊이가 44m밖에 안 돼. 세계에서 가장 낮은 바다로 손꼽히지.

해안선은 자를 대고 선을 그은 듯 반듯하지는 않아. 바다로 툭 튀어나온 땅과 육지로 쏙 들어간 땅이 이어지지. 바다로 튀어나온 땅을 '곶'이라 하고, 육지로 들어간 땅을 '만'이라고 해. 곶이 튀어나왔으니 파도를 더 많이, 더 세게 맞아서 더 많이 침식돼. 반면에 만은 파도가 약해서 모래, 흙 등이 잘 쌓이지.

우리나라는 서쪽과 남쪽 땅이 동쪽, 북쪽보다 낮다고 했지? 평야와 구릉이 많다고 말이야. 그런 평야와 구릉이 바닷물이 차오르면 어떻게 될까? 비교적 높은 구릉은 바다 위로 다 남아 있을 거고, 평

야는 물에 잠겨서 보이지 않을 거야. 낮은 구릉은 꼭대기만 바다 위로 나와서 섬이 되었어.

그래서 황해와 남해는 해안선이 들쑥날쑥해. 이런 해안을 '리아스 해안'이라고 하지. 꼭대기만 남은 구릉이 섬이 되었기 때문에, 황해, 남해는 섬이 많아. 특히 남해는 섬이 많아서 다도해라 부르고, 다도해 해상 국립 공원으로 지정되었어. 남해에는 섬이 자그마치 2,300여 개나 된대.

동해는 해안선이 비교적 단순해. 해안선이 단순하다는 게 무슨 뜻이냐고? 그건 해안선이 들쑥날쑥하지 않다는 거야. 한반도는 동쪽이 쑥 올라서 산맥이 죽 이어졌다고 했지? 땅이 높으니, 바닷물에 잠기는 부분이 별로 없지.

또 동해는 바다가 깊고 큰 바다와 이어져 있기 때문에 파도가 거세. 파도가 해안가의 땅을 부수고 침식시키지. 바다 쪽으로 튀어나온 부분은 더 많이 파도에 깎이겠지? 사포로 울퉁불퉁한 부분을 밀면 튀어나온 부분이 더 많이 깎이면서 매끈해지는 것과 같지. 동해의 해안선은 산맥들과 나란히 있는 모양이야.

**동해랑 황해, 남해는 해안선만 다른 게 아닌 것 같아요. 한별님 기자님은 황해 갯벌에 갔고, 호리병 기자님은 동해의 암벽 절벽과 모래사장에 갔다고 했거든요.**

바닷가의 흙은 대부분 하천에서 운반한 흙이 쌓인 거야. 흙은 주로 만에 쌓이지. 큰 하천은 산에서 시작되는데, 황해와 남해까지 오는 동안 자갈, 모래, 흙이 서로 부딪혀서 더 작게 부서져.

작고 가벼운 흙일수록 더 멀리 이동하지? 범람원에서 무거운 자갈, 모래, 굵은 흙은 자연 제방으로 쌓이고, 고운 흙은 자연 제방을 넘어 더 멀리까지 가서 쌓여서 배후 습지를 만들잖아.

고운 흙과 모래를 싣고 온 하천이 바다와 만나면 어떤 일이 벌어질까? 하천의 속도가 느려져서, 하천에 섞여 있던 흙, 모래 등이 가라앉아. 그러다 파도에 밀려 하천 양 옆의 해안가에 쌓이지. 이게 갯벌이야.

갯벌은 밀물일 때는 바다였다가, 썰물일 때는 바닷물이 빠져나가면서 드러나는 땅이야. 하루에 두 번, 밀물과 썰물이 일어나기 때문에 갯벌도 두 번, 모습을 드러내. 갯벌은 동해에는 거의 없고, 황해에

### 우리나라 해안특징 요약

- 동해: 단조로운 해안선, 암석, 절벽
- 황해, 남해: 복잡한 해안선, 갯벌, 섬
- 화산섬 제주도

우리나라 단면 지형 (동고서저, 갯벌, 파식대)

가장 많아. 황해 갯벌은 세계 5대 갯벌에 속해. 보통 갯벌은 회색과 녹색이 섞인 진흙 밭으로만 알고 있는데, 모래가 많은 갯벌도 있고, 돌멩이와 갯바위가 많은 갯벌도 있어.

갯벌은 바다의 보물 창고라 불릴 만큼 가치가 커. 한별님 기자가 갯벌에서 조개, 게 등을 캤지? 갯벌에는 수백 종의 생물이 살아. 사람이 씨를 뿌리거나 키우지 않아도 저절로 생기고 자라지. 갯벌은 육지에서 만든 오염 물질이 바다로 들어가지 못하게 막아 줘. 또 해일이 몰아칠 때도, 바다와 육지 사이에 갯벌이 있어서 육지가 피해를 덜 보게 되지. 갯벌을 간척지로 개발해서 농사를 짓거나 건물을 세우기도 해. 최근엔 갯벌이 다양한 체험 활동과 축제를 통해 관광지로 이용되고 있어.

호리병 기자가 갔던 부산 태종대는 지질 공원으로 지정될 정도로 다양한 해안 지형을 볼 수 있는 곳이야. 동해안은 침식 작용이 많이 일어난다고 했지? 사실, 하천이 침식해서 만든 지형과 바다가 침식해서 만든 지형은 비슷해.

황해에선 갯벌이 바다와 맞닿아 있지만 태종대는 절벽이 바다와 맞닿아 있어. 거센 파도가 육지를 계속 깎아서 해안 절벽(해식애라 불려.)을 만든 거야. 파도는 지금도 육지를 계속 깎고 있어서, 육지가 뒤로 점점 물러나고 있어.

태종대의 등대 아래에 평평한 바위가 있었지? 호리병 기자가 회를 먹은 바위도 파식대이고, 절벽을 따라 난 좁은 길을 따라가서 만난 신선바위도 파식대야. 파식대는 파도가 침식해서 평평해진 땅을 말해. 태종대에는 둥근 자갈로 덮인 바닷가도 있지. 파도는 해안 절벽 아래를 계속 깎아 들어가서 동굴을 만들기도 해.

또 파도가 육지를 깎을 때, 무른 암석은 다 깎여서 사라지는데, 단단한 암석은 깎이지 않고 그 자리에 버티고 있거든. 주변의 땅은 다 깎여서 바닷속에 잠겼는데 이 암석만 바다 위로 삐죽 솟아 있지. 이런 암석을 시스택(촛대바위)이라 해.

큰 하천은 황해, 남해로 흐르지만 작은 하천 중에는 동해로 흐르는 것도 있어. 동해로 흐르는 하천은 길이가 짧고, 경사도 급해서 자갈이나 모래가 부서지고 깎일 시간이 부족해 하천의 물이 금새 바다로 흘러가 버려. 그래서 하천 물에 섞여 있는 자갈이나 모래가 깎일 시간이 부족해. 그렇기 때문에 황해안은 고운 진흙이 많지만, 동해안에는 자갈과 모래가 쌓이지. 그래서 해수욕장으로 이용하는 모래사장이 만들어진 거야. 호리병이 모래찜질을 즐긴 해운대는 우리나라의 대표적인 모래사장이야.

모래사장에 가면 뒤에 소나무가 심어진 언덕이 많아. 바닷바람이 모래를 날려서 모래사장 뒤에 모래 언덕을 쌓은 거야. 바닷가에 사는 사람들은 모래 언덕에 소나무를 심어서 바닷바람과 모래가 마을로 날아오는 것을 막았어.

## 이것만은 기억하자!

1. 동해는 해안선이 비교적 단조롭고, 황해와 남해는 해안선이 들락날락, 복잡한 리아스 해안이다.
2. 동해는 암석 해안, 모래 해안이 많고, 황해와 남해는 갯벌 해안이고, 섬이 많은 다도해이다.
3. 하천처럼 바닷물이 침식 작용과 퇴적 작용을 해서 다양한 해안 지형을 만든다.

바다에서 볼 수 있는 해안 지형은 침식 지형과 퇴적 지형으로 나뉜다. 해안 침식 지형은 해식애, 해식동굴, 파식대 등이 있고, 해안 퇴적 지형은 사빈, 사구 등이 있다. 그림으로 다양한 해안 지형을 알아봤다.

- **만**: 해안이 육지 쪽으로 쏙 들어온 지형이다. 파도가 운반해 온 자갈, 모래, 흙 등이 퇴적되어 다양한 해안 퇴적 지형이 만들어진다.
- **사빈**: 하천에 실려 온 모래나 바다 근처의 암석이 부서진 모래가 퇴적된 지형이다. 해수욕장으로 많이 이용되는 모래사장이다.
- **사구**: 사빈의 모래가 바람에 날려, 사빈 뒤에 퇴적된 모래 언덕이다. 사막에 만들어진 사구와 구분해서 해안 사구라고도 부르며, 소나무를 심어 방풍림을 만들기도 한다.
- **사주**: 해안가로 운반된 모래 등이 둑처럼 길게 퇴적된 지형이다. 사주가 섬까지 연결되어서, 해안과 섬을 연결하는 다리 역할을 하는 곳도 있다.
- **육계도**: 사주로 육지와 연결된 섬이다.
- **곶**: 육지가 바다 쪽으로 튀어나온 지형이다. 파도에 많이 침식

되어 다양한 해안 침식 지형이 만들어진다.
- **암석 해안:** 바다와 육지 사이에 모래, 갯벌 등이 없고, 직접 육지와 바다가 맞대어 있는 해안. 파도의 침식 작용이 활발한 곳에서 주로 볼 수 있다.
- **해식애:** 파도가 육지를 침식해서 만들어진 해안 절벽이다.
- **파식대:** 파도가 육지를 평평하게 깎은 지형이다.
- **해안 단구:** 해안가에 생기는 계단 모양의 지형이다. 동해안에 주로 생긴다.
- **시스택:** 파도가 주변의 무른 암석을 깎아, 단단한 암석만 기둥처럼 남은 것이다. 촛불바위라고도 불린다.
- **해식굴:** 파도가 바닷가 절벽을 깎아 만든 동굴이다.

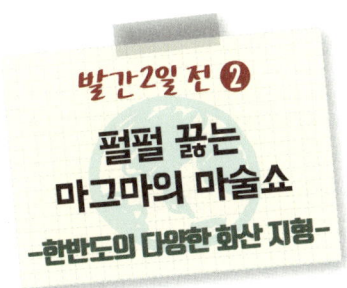

"헐, 비가 오네."

황소가 이른 아침, 제주 국제공항에 도착했다. 화산으로 만들어진 제주도에서 다양한 화산 지형을 찾아볼 참이다. 그런데 소나기가 오니 난감했다.

제주 세계자연유산센터 건물 안에 거문오름 안내소와 매표소가 있다. '자연유산'에 어울리지 않는 크고 화려한 건물을 보며, 황소는 살짝 당황했다.

"저는 통신문 기자 황소입니다. 이 우산 좀 들어 주시겠습니까?"

황소는 마침 건물 안으로 들어서려는 김치만에게 우산을 내밀었다. 김치만은 잠깐 움찔했지만, 파라솔처럼 커다란 우산을 받았다. 그리고 황소가 제주 세계자연유산센터와 그 뒤로 보이는 거문오름을 찍을 수 있도록, 우산을 받쳐 주었다.

"저도 찍어 주십시오."

황소는 우산에 이어 카메라까지 김치만에게 넘겨줬다. 그러고는 센터 입구로 후다닥 달려가, 양 손가락으로 브이 자를 그리며 환하게 웃었다. 김치만은 우산을 어깨에 걸치고, 머리를 옆으로 기울여 귀로 우산을 고정시키고는 엉거주춤하게 서서 황소를 찍었다. 비록 사진이 30도쯤 삐뚤어지게 찍혔지만, 그리고 목 아래만 찍혔지만, 그로서는 최선을 다한 것이다.

찰칵. 찰칵.

"감사합니다."

황소는 김치만에게 인사를 하고는 매표소를 향해 서둘렀다.

매표소 직원은 9시 예약자 명단에서 황소의 이름부터 확인했다. 황소는 입장료를 내고, 입장권과 탐방 출입증을 받았다.

"저랑 같이 가시죠. 저는 김치만입니다."

김치만이 다가와 황소에게 손을 내밀었다.

"황소입니다. 좀전엔 서두르느라 인사도 못 했네요. 혼자 오셨습니까?"

황소가 김치만과 악수를 하며 물었다. 김치만이 고개를 끄덕였다.

"네. 황소 씨는 취재하러 오신 거죠? 카메라에 '통신문'이라고 적혔더군요. 사실, 제가 이곳 토박이라 제주도에 대해 모르는 게 없답니다. 저를 만난 건 행운일 겁니다. 하하."

김치만이 환하게 웃었다. 김치만은 거문오름을 오르는 동안, 황송에게 거문오름에 대해 설명해 주었다.

"거문오름은 제가 상상했던 오름과는 조금 다르네요. 갈대로 덮인, 둥글고 낮은 봉우리를 기대했거든요."

황소가 삼나무가 무성한 산길을 오르며 말했다. 덥고 습해서 땀이 솟았다.

"그럴 겁니다. 거문오름은 다른 오름들보다 훨씬 크고 나무가 많아서 일반 산처럼 보이죠. 하지만 정상에서 보면, 말굽 모양의 오름이라는 것을 알 수 있죠."

"거문오름이 세계 자연유산에 등재되었다고요?"

"네. 거문오름 용암동굴계와 한라산 천연보호 구역, 성산일출봉이 등재됐죠."

두 사람은 전망대에 다다랐다.

"저기, 분화구의 한쪽 면이 터져 있죠? 저 사이로 용암이 흘러나간 겁니다."

김치만이 분화구를 가리켰다. 거문오름의 분화구는 아주 컸는데, 그 속에 숲이 우거진 작은 오름이 또 있다.

"어?"

분화구를 찍던 황소가 눈에서 카메라를 뗐다가 다시 카메라를 바짝 댔다.

"노루 가족이네!"

분화구 속, 숲에서 노루 세 마리가 걸어가는 모습이 보였다.

"오름을 다니다 보면, 사슴을 자주 만납니다. 제주는 육지랑 떨어져 있어서 육지 동물은 많지 않아요. 뱀도 없다고 하죠."

"한라산에 비하면 오름은 참 귀엽군요."

황소가 누운 듯 솟은 한라산과 주변의 오름들을 가리켰다. 아기들 마냥, 한라산 주위에 오름들이 옹기종기 모여 있다.

황소와 김치만은 용암계곡을 따라 걸었다. 숲이 우거진 거문오름 분화구 속에 알오름이 있다. 용암의 거품 덩이가 공중에서 식어서 굳은 뒤, 땅에 떨어진 화산탄도 찍고, 비록 철창으로 막아 놓았지만, 용암이 만든 수직동굴도 찍었다.

거문오름은 화산 지형을 대표하는 곳답게 다양한 화산 지형을 볼 수 있었다.

"용암 분화구는 흙이 거의 없어서 나무들이 돌 위에서 자랍니다."

분화구에 있는 숲을 걸으며 김치만이 설명했다.

"아, 이곳이 곶자왈이군요. 따듯하고 습도도 높아서 다양한 식물이 잘 자란다더군요."

"그렇습니다."

김치만이 고개를 끄덕였다.

화산 지형의 특징을 보여 주는 곳이 나올 때마다, 김치만은 황소에게 사진을 찍으라고 알려 주었다.

거문오름을 내려오자, 다시 소나기가 쏟아졌다.

"저는 그만 만장굴로 가야겠습니다. 오늘 중으로 제주도의 대표적인 화산 지형을 다 찍으려면 서둘러야 한답니다."

황소는 김치만에게 최대한 공손하게 말하고는 제주 세계자연유산센터 밖으로 나섰다.

"좋은 생각입니다. 만장굴은 거문오름이 만든 용암동굴이니까요."

헐레벌떡 뒤따라온 김치만이 황소의 우산을 쫙 펴며 말했다. 황소의 우산은 계속 김치만이 들고 있었다. 황소는 김치만과 어깨를 맞붙인 채, 우산을 쓰고 주차장으로 향했다.

만장굴의 가파른 계단을 내려오는 순간, 서늘한 공기가 콧구멍으로 쑤욱 들어왔다. 저절로 콧물을 훌쩍이게 됐다.

"밖은 한여름인데 동굴 안은 서늘하죠?"

김치만이 어둑한 만장굴 속으로 앞장서서 들어갔다. 가뭄에 논이 거북 등딱지 모양으로 갈라지듯, 만장굴 바닥도 갈라지고 울퉁불퉁했다. 하지만 서늘한 기운과 똑똑 떨어지는 물방울이 바닥에 고여 동굴 안은 축축했다. 바닥에 전구, 벽에는 색색의 조명이 있어서, 관람을 하는 데는 문제가 없었다.

"거대한 구렁이가 꿈틀꿈틀 기어가며 만든 곳 같네요."

"그렇죠? 구렁이 대신 용암이 스르륵 기어가며 만들었지만요. 아, 저기, 저기 거북바위가 참 멋지죠? 만장굴을 대표하는 용암 바위랍니다. 오! 용암 발톱도 있네요. 얼른 찍으십시오."

김치만이 만장굴 곳곳에 용암이 만든 용암 구조물을 가리켰다.

"저, 저기도 참 멋지지 않습니까? 저건 용암 석순입니다. 아, 저게 이곳에서 제일 멋진 용암 기둥입니다. 7.6m나 되지요. 천장에서 바닥으로 흘러내리던 용암이 굳으면서 만들어졌죠. 참, 얼른 찍으셔야죠."

황소는 김치만이 가리키는 화산 지형을 쫓아가며 찍느라 정신이 없었다. 문득 이런 생각이 머리를 스쳤다. '난 누구? 여긴 어디? 나는 왜?' 갑자기 짜증이 솟구쳐서, 김치만을 휙 돌아봤다. 김치만의 얼굴은 만장굴의 멋진 모습을 안내하는 기쁨에 환하게 빛나고 있다. 황소는 꿀꺽 침을 삼켰다.

"그럼, 여기서 헤어져……."

"제주도에 오셨는데, 똥돼지를 드셔야죠. 갑시다!"

김치만이 다시 앞장섰다.

'똥돼지'란 주문에 홀린 듯, 황소는 김치만의 뒤를 쫓아갔다.

황소와 김치만은 한라산을 올랐다.
"소나기가 잦네요. 아, 그러고 보니 오늘만 해도 몇 번이나 소나기가 쏟아졌는데도 하천을 못 봤습니다."
황소가 한라산을 오르며 말했다. 가뜩이나 무거운 몸이, 똥돼지 불고기를 삼 인분이나 먹어서 더 무거웠다.
"제주도는 전국에서 가장 비가 많이 오는 곳이에요. 그런데도 물이 흐르는 하천은 별로 없죠."
평소엔 물이 없는 계곡과 시내지만, 다행히 소나기가 많이 온 덕분에 물이 흘렀다. 두 사람은 이끼로 뒤덮인 바위를 때리며 떨어지는 계곡물에 손을 담갔다.
날씨가 습한 데다, 날이 지기 전에 한라산을 오르느라 서둘렀더니 땀이 비 오듯 쏟아졌다. 헉헉거리며 오른발, 왼발 작게 구령을 붙이며 황소는 발걸음을 옮겼다. 처음으로 통클럽 회장인 것이 즐겁지 않았다.(제일 무거운 회원이 통클럽 회장이 된다.)
옆에선 김치만이 한라산을 소개하느라 여념이 없다. 얼굴이 발갛게 상기되고 숨도 거칠어졌지만, 개의치 않는 듯했다. 황소는 피식 웃음이 삐져나왔다. 제주도를 사랑하는 김치만이 좋아졌다. 황소 역시, 고향인 오성시를 사랑하는 마음 하나로 통신문을 만들었으니까.

"한라산의 낮은 곳은 왕벚나무 같은 난대 식물이 자라고, 중간은 온대 기후에서 자라는 졸참나무, 신갈나무 등이 자랍니다. 저 위엔 한대 기후고요, 돌매화나무가 자랍니다. 아, 한라산에 구상나무가 많은 건 아시죠? 봄에는 철쭉이 사방을 뒤덮죠."

한참 동안 숲 사이에 난 나무 계단을 오르자, 숲이 끝나고 군데군데 관목이 자라는 초지대가 펼쳐졌다. 저 앞이 오늘의 마지막 취재 장소인 백록담이다. 백록담은 둘레가 약 2km나 되는 커다란 분화구다. 백록담은 분화구 속에 물이 고인 화구호다.

김치만이 휴지를 꺼내 황소에게 몇 장을 건네고, 자신도 땀을 닦았다.

"저 커다란 구멍에서 용암이 흘러나왔다니, 정말 무시무시했겠습니다."

"그렇죠, 저도 이곳에 올 때마다, 자연의 힘이 얼마나 무섭고

큰지를 생각합니다."

황소의 말을 듣고, 김치만이 고개를 끄덕였다.

"김치만 씨 덕분에 제주도 화산 지형에 대해 설명도 잘 듣고, 멋진 사진도 찍었습니다. 감사합니다."

황소가 김치만에게 고개를 숙여 인사했다. 이제 오성으로 돌아가 화산 지형에 대해 기사를 써야 했다.


다음날, 취재를 마친 기자들이 통신문 편집실에 모였다.

"아, 아직도 믿을 수가 없어요. 우리 오성에 지진이라니……."

호리병이 고개를 저었다.

"난 지진이 싫어! 사람이 다치잖아. 만약 일본처럼, 지진 때문에 원자력 발전소에 문제가 생기면 어떡해? 생각만 해도 소름이 돋아!"

지진 때문에 다친 피해자들을 만나고 온 황소가 소리를 질렀다.

"워, 워! 진정하십시오. 지진에 대해 알아야 대비도 하죠."

한별님이 두 손을 들어 황소를 진정시켰다.

"지진, 화산이 우리에게 피해만 주는 건 아닙니다. 우리가 직접, 지진과 화산이 만든 우리나라의 다양한 지형을 봤잖아요."

제갈윤이 황소의 눈치를 보며 말했다.

"맞아, 그렇지! 음, 내가 흥분했군. 자, 멋지게 기사를 써 보자고. 참, 황송하지는 기사를 다 썼을까?"

"넵. 다 썼습니다."

황송하지가 문을 열고 뛰어 들어왔다.

"저는, 어린이의 눈으로 본 지진과 한국의 산지 지형에 대해 기사를 썼습니다. 열심히 취재하고 열심히 썼습니다."

황송하지가 가방에서 기사를 꺼내 황소에게 건넸다.

"이번 통신문은 그동안 우리가 썼던 기사와는 완전히 다를 거야. 다양한 시도를 해 보는 것도 좋잖아. 각자 오성시의 지진에 대해 취재한 내용과 우리나라의 지형에 대해 조사한 내용을

기사로 쓰자고. 자, 시작합시다. 통 통 통신문, 아자!"

황소의 외침을 신호로 기자들은 각자의 책상으로 돌아가 기사를 작성했다. 오늘 밤은 꼬박 새워 일할 거다. 통신문 기자들은 마감 날짜를 목숨처럼 지키는 기자들이니까.

**용암이 제주도를 만든 건가요, 아님 한라산을 만든 건가요? 설마 제주도 전체를 마그마가 만든 건 아니겠죠?**

앞에서 지형을 바꾸는 힘에 대해 알아봤는데, 기억나니? 지구 속의 열이 지진과 화산을 일으켜서 지형을 새로 만들거나 크게 바꾸지. 태양 에너지가 물과 공기를 움직여서 지형을 더 다양하게 만들고. 산지 지형, 하천 지형, 해안 지형은 물과 바람이 만든 지형들이지.

화산 지형은 땅속에 모여 있던 마그마가 땅 위로 솟아올라 만들어진 지형이야. 땅속에 있을 때는 마그마, 땅 위에서는 용암이라 부르는 건 기억하지? 또 하나, 마그마는 암석이 녹은 액체라는 것도 떠올려 보자.

그런데 아무리 뜨거운 마그마라도 단단한 지각을 뚫고 올라올 수는 없어. 판들이 움직이다 부딪혀서, 지각이 금이 가거나 끊어진 틈을 뚫고 마그마가 올라오는 거야. 붙어 있던 판들이 떨어질 때도 그 사이로 마그마가 나오지. 일본이 한반도에서 떨어져 나갔을 때처럼 말이야.

## 화산섬 탄생의 비밀

바닷속에서 마그마 분출 마그마 냉각.

반복적으로 누적되면서 수면으로 드러남.

그래서 지진과 화산은 같은 장소에서 일어나는 경우가 많아. 판들이 서로 맞대고 있는 판의 경계면이지. 일본에 지진이 자주 일어나는 이유는 일본이 4개의 판들이 모이는 경계선 위에 있기 때문이야.

마그마의 온도는 1600도 정도라고 해. 그렇게 뜨거운 마그마가 땅 위로 올라오면 어떻게 될까? 우리에겐 따뜻한 기온이라도 마그마에겐 냉동실보다 더 차가울 거야. 그래서 액체였던 용암(땅 위니까 이름이 바뀌었어.)이 식어서 고체인 화산암으로 변하지.

용암은 같은 장소에서, 반복해서 분출해. 그럴 때마다 화산암이 쌓이겠지? 바다에서 용암이 솟아나면 섬이 만들어지고, 육지에서는 화산이 만들어지지. 제주도, 독도, 울릉도는 바닷속에서 화산암이 쌓여서 만들어진 화산섬이야.

그런데 한반도는 판의 경계면에 있지 않아. 하지만 화산이 분출했지. 그 이유는 제주도와 백두산, 동해 아래에 열점이 있기 때문이야. 열점은 땅속이 유달리 뜨거운 지점을 말해. 다른 곳보다 더 뜨거우니 압력도 더 세. 그래서 가끔씩 마그마가 약한 지각을 찾아서 뚫고 올라오는 거야.

제주도, 울릉도, 독도, 백두산, 개마고원 일대가 화산이 만든 지형이야. 제주도 바다 밑에서 발생한 화산은 제주도가 만들어진 뒤에도 계속 화산 활동을 했어. 그래서 제주도 위에 한라산과 기생 화산(오름이라고도 불러.)이 만들어졌지.

용암이 분출했던 입구를 분화구라고 해. 분화구는 움푹 패였는데, 이곳에 물이 고여서 호수가 되기도 해. 백두산의 분화구는 천지, 한라산의 분화구는 백록담이라 부르지.

제주도는 세계적으로 기생 화산이 많은 곳이야. 360여 개나 있지. 특히 거문오름과 거문오름이 만든 용암 지형은, 세계자연유산으로 등재되었어. 거문오름의 분화구는 동그랗지 않고, 북동쪽이 열린 모습이야. 말발굽과 비슷하지. 분화구의 열린 부분으로 용암이 흘러나갔기 때문이야.

용암은 제주도 북동쪽 바다로 흘러가면서 용암 동굴을 만들었어. 용암이 흐르면 공기와 닿는 겉 부분은 금방 식어서 굳어. 하지만 속은 여전히 뜨겁기 때문에 계속 흘러가지. 결국 겉은 남고 속은 빈, 터널 같은 모습이 되는 거야.

**우리 아빠, 아니 황소 팀장이 제주도에서 소나기를 4번이나 맞았대요. 이렇게 비가 많이 오는데, 제주도에는 왜 큰 하천이 없나요?**

우리나라가 물 부족 국가이기는 하지만, 제주도는 비가 많이 오는 곳이야. 그런데 제주도에는 큰 하천은 커녕 작은 하천도 별로 없어. 왜일까?

그건 제주도가 용암이 식어서 굳은 화산암으로 이루어진 섬이기 때문이야. '제주도' 하면, 돌하르방이 떠오르지 않니? 돌하르방은 구멍이 숭숭 뚫린 검은 암석으로 만들지. 바로 현무암이야. 용암 속에 있던 가스가 밖으로 나오면서 구멍이 생겼지. 현무암은 구멍이 뚫렸지만, 어떤 화산암은 식으면서 크기가 줄어들어. 그래서 갈라지지.

암석이 갈라지는 틈을 '절리'라고 해. 음, 절리는 고등학교에서 배우지만, 이미 절리를 본 친구도 있을 거야. 제주도 주상 절리는 유명한 관광지니까. 주상 절리는 오각, 육각형 모양의 연필들을 세워 둔 것처럼 생긴 바위야. 용암이 식으면서, 세로로 금이 가서 만들어졌지.

그런데 구멍이 나고 갈라진 암석들 위로 비가 오면, 어떻게 될까? 암석 속으로 스며들겠지. 그래서 화산암으로 만들어진 제주도에는 땅 위로 흐르는 하천이 별로 없는 거야. 대신 건조한 하천(건천)이 많은데, 비가 올 때만 잠깐씩 물이 흐르는 하천이야.

물이 다 지하로 스며들면 사람들은 어떻게 살지? 물 없이는 살 수 없잖아. 다행히 지하로 스며든 물은 지하로 흘러 흘러서 해안가에서

171

솟아올라. 이런 샘을 용천이라고 하는데, 제주도 사람들은 용천 주변에 모여 살았어. 지금은 우리나라 어디에서도 제주도의 지하수를 사 먹을 수 있을 만큼, 제주도를 대표하는 상품이 되었어.

　제주도 하면 또 떠오르는 게 귤, 한라봉 등의 과일이지? 물이 땅속으로 스며들기 때문에 벼농사에는 적합하지 않아. 대신 밭이나 과수원이 많지. 마그마가 분출할 때, 재와 가루처럼 고운 흙도 나와. 이걸 화산재라고 하는데, 화산재에 덮인 땅은 영양분이 많아서 농사가 잘 되지.

　제주도에는 바다로 떨어지는 폭포가 있어. 정방 폭포야. 앞에서, 폭포는 하천 상류에서 만들어지는 지형이라고 했는데, 정방 폭포는 어떻게 바다 근처에 있을까? 대부분의 하천은 산에서 시작되어 평지를 흐르다가 바다에 이르는데, 정방 폭포는 그렇지 않아. 지하수가 절벽 위에서 솟아나와 바다로 떨어지는 거지. 참 신기한 폭포지?

### 이것만은 기억하자!

1. 마그마와 용암은 다르다. 암석이 녹은 액체가 땅속에 있으면 마그마다. 마그마가 땅 위로 나오면 용암으로 이름이 바뀐다.
2. 마그마가 분출할 때는 다양한 분출물이 나온다. 액체인 용암과 화산 가스, 고체인 화산재와 화산암 등이다.
3. 화산 분출(화산 활동)과 화산은 다르다. 화산 분출은 땅속에 있던 마그마가 땅 위로 분출하는 활동이다. 화산은 땅 위로 나온 용암, 화산재 등이 쌓여 만들어진 지형이다.

## 황송하지의 취재자료

마그마가 분출하여 다양한 화산 지형을 만든다. 제주도는 섬 전체가 화산 지형이라, 제주도로 화산 지형을 알아봤다.

- **한라산**: 마그마 분출로 만들어진 화산으로 남한에서 가장 높은 산이다. 정상 부분은 종처럼 경사가 급한 종상 화산이고, 그 아래는 경사가 완만한 순상 화산이다.
- **화구**: 마그마가 밖으로 분출되는 출구이다. 한라산의 화구는 백록담이다.
- **기생 화산**: 큰 화산 옆에서 마그마가 분출해 만들어진 작은 화산이다. 측화산이라고도 불리고, 제주도에선 오름이라 부른다.
- **성산일출봉**: 제주도에 있는 기생 화산이다. 원래는 바다에서 마그마가 분출해서 만들어진 화산섬이었다. 지금은 사주에 의해 제주도와 연결된 육계도이다.
- **주상 절리**: 용암이 바다에 도착하면 급속도로 식어서 굳는다. 이 암석이 세로로 갈라진 지형을 주상 절리라고 한다. 가뭄에 논밭이 갈라지는 것과 같다. 주상 절리는 각진 기둥들을 모아 둔 것처럼 보인다.

- **용암 동굴**: 용암이 흐를 때, 공기와 만나는 바깥쪽 부분은 빨리 식어서 굳는다. 안쪽은 여전히 뜨거운 액체 상태라 계속 흘러간다. 결국 겉의 굳은 용암은 남고, 속은 빈 터널 같은 모양의 용암 동굴이 된다.

# 통신문 NEWS

통신문 제232호 8월 1째 주

27일 오성시에서 규모 5.5인 지진이 발생했다. 이번 지진으로 건물벽이 무너져 벽돌 조각들이 길에 널려 있다.

## 오성시, 규모 5.5 지진 발생

오성시에서 규모 5.5인 지진이 발생했다. 기상청은 지난 27일 오전 11시 2분 34초에 오성시 북면 지역에서 규모 5.5의 지진이 발생했다고 발표했다.

본진이 발생한 4분 후, 규모 4.7인 여진이 발생한 것을 시작으로 현재까지 여진이 이어지고 있다. 그동안 오성시는 규모 2 이상의 지진이 발생하지 않았던 곳이라, 주민들의 충격은 더욱 크다.

# 오성시 지진, 전국을 흔들었다.

지난 27일 발생한 오성시 지진으로, 주변의 여러 지역뿐 아니라 멀리 수도권과 제주도까지 흔들렸다. 전국에서 '진동을 느꼈다.'는 신고가 119 신고 센터에 폭주했다. 119 신고 센터에 전화한 서울 시민은 "사무실에서 일하는데 갑자기 책상이 흔들렸다. 동료들도 진동을 느꼈다."고 말했다.

오성 시민들의 충격과 두려움은 더욱 크다. 지진의 피해가 가장 큰 북면에서 사는 윤씨는 "집 벽이 무너졌다. 지붕까지 무너질 것 같아서, 이젠 집에도 못 있겠다."고 하소연했다. 남면에서 만난 시민 김씨는 "친구와 길을 걷다가 갑자기 몸이 휘청했다. 너무 놀라고 당황해서 어찌할 바를 몰랐다."며 지진의 충격을 전했다.

방학 특별 수업 중이던 학교에선, 지진이 계속되는 동안 학생들을 안전하게 대피시켰다가, 여진이 멈추자

진앙에서 가까운 오성시 북면의 모습이 이번 지진의 크기를 짐작하게 한다.

수업을 중단한 후, 학생들을 귀가시켰다. 학교마다 여진이 계속될 수 있어서, 특별 수업을 중단하는 곳이 나오고 있다.

오성시청은 지진 비상대책회의를 만들어, 부상자 파악과 피해 상황을 점검하고 있다. 또한 여진이 다시 발생할 수 있는 만큼, 시민들에게 지진 대피 요령을 알리고 있다.

# 아는 만큼 안전하다, 지진 대피 요령

푸켓에 여행온 영국의 10세 소녀가 바닷물이 부글부글 끓어오르는 모습을 보고, 쓰나미가 올 거라며 해안가 사람들을 대피시켰다. 덕분에 그 해변에선 쓰나미로 인한 희생자가 단 한 명도 없었다. 반면에, 미국 샌프란시스코는 지진이 발생했을 때, 주민의 부주의한 행동으로 화재가 발생하여 도시 전체가 잿더미로 변했다.

지진은 우리에게 엄청난 피해를 주지만, 막을 수가 없다. 하지만 피해를 줄일 수는 있다. 지진이 발생했을 때, 어떻게 행동해야 할까? 국민안전처에서 알려 준 '지진 대피 요령'을 알아봤다.

## 〈통신문 칼럼〉 점점 더 강한 지진이 온다

한반도 지질연구소 가화성 소장

옆 나라 일본에서 지진이 발생했다, 화산이 폭발했다는 소식을 심심찮게 보고 들어왔다. 그럴 때마다 우리 국민은, 한반도가 '지진 안전국'이고, 한라산도 수백 년 동안 분출하지 않은 휴화산이라며 안심해 왔다.(백두산이 화산 분출을 할 수도 있다는 이야기는 종종 들려온다.)

하지만 몇 년 전 일어났던 경주시 지진에 이어 이번 오성시의 지진은, '한반도가 지진에서 안전한 곳인지'에 대해 의심하게 만든다. 위의 두 지진은 규모 5.0 이상의 지진이었지만, 사람이 느낀 진동과 건물, 도로 등의 느낀 진도는 6이다. 만약 진원이 지표에서 더 가까운 곳에서 시작되었다면, 진도는 8이 될 수도 있었다는 주장도 나온다.

기상청에서는 매년 규모 2가 넘는 지진이 몇 번 발생했는지를 기록해 왔다. 그런데 매년 수십 회였던 지진이, 2016년부터는 수백 회로 늘었다. 비록 우리가 느끼지는 못했지만, 약한 지진은 꾸준히 한반도를 흔들고 있었던 것이다.

한반도에 지진이 더 잦아지고, 더 센 지진이 발생하고 있다. 그 원인에 대한 의견도 다양하다. 일본대지진으로 한반도가 원래 있던 곳에서 동쪽으로 몇 cm 이동했기 때문이라고도 하고, 한반도 주변의 판들이 움직이며 지진을 만들었다는 주장도 있다. 땅속 깊은 곳의 열을 이용해 전기를 만드는 지열 발전소가 땅에 압력을 주어서 지진이 발생했다고도 한다.

사실 자연적으로 발생하는 지진은, 그 발생 원인을 밝혀도 막을 수가 없다. 땅이 요동치는 일을 누가 막겠는가? 하지만 지진의 피해를 줄일 수는 있다.

정부와 지자체에서는 지진을 비롯한 자연재해에 대피한 행동 요령을 홍보하고 있다. 유난떤다 생각하지 말고, 지금이라도 대피 방법을 잘 알아두자.

지진 때문에, 땅이 흐물흐물해지는 액상화 현상도 발견되고 있다. 건축물을 지을 때는 튼튼한 땅인지 꼼꼼히 조사하고, 반드시 지진에 견딜 수 있도록 내진 설계를 하자. 지진이 발생했을 때, 지진 자체보다는 지진에 무너진 건축물이 더 위험하다.
 지진은 어떤 자연재해보다 무섭다. 하지만 미리 지진에 대비해 둔다면, 피해를 줄일 수는 있다. 우리가 할 수 있는 준비를 하자.

## 신기하고 다양한 한반도 지형 여행

오성 어린이신문 기자 황송하지

 오성시에 발생한 지진으로, 통신문 취재 기자들이 부상을 입었다. 그래서 본 기자가 취재 기자들을 대신해 취재를 했다.
 이번 지진은 규모 5.5인 지진이다. 진도는 6.0으로, 몸이 휘청거리고 건물이 흔들렸다. 아직도 여진이 계속될까 봐 걱정하는 주민이 많다. 집이 파손되어 대피소에서 더운 여름을 보내는 주민도 있고, 부상당한 주민도 있다. 방학 수업도 중단되었다. 지진은 우리에게 피해를 주는 것이다.
 하지만 지진은 우리가 사는 한반도를 지금의 모습으로 만든 원인 중에 하나이기도 하다. 지진, 마그마의 분출, 태양 에너지가 지구의 모습을 계속 바꿔 왔고, 지금의 한반도 모습이 된 것이다. 그래서 본 기자는 이번 지진을 겪으며, 내가 사는 한반도의 모습을 알고 싶어졌다. 지진이 내가 사는 땅에 대한 관심을 높여 준 것이다.
 한반도는 바다, 산, 평야, 하천, 섬, 화산 등이 다 있다. 한반도가 중국, 러시아, 캐나다처럼 크지 않아서 불만이었는데, 한반도는 구석구석에 다양한 지형이 옹기종기 모여 있는 아름다운 곳이라는 것을 알게 되었다. 더불어 지리와 지구과학도 배울 수 있었다.
 지금부터 본 기자가 보고 알게 된 한반도의 지형을 소개하겠다. 성인 독자들은 이미 배운 내용도 있을 테니, 지루하지 않도록 문제 풀이로 만들었다. 꼭 답을 써 주시길 기대한다.

**1. 지구 내부:** 지구의 표면을 ○○이라 한다. ○○아래 맨틀, 그 아래 외핵과 ○○이 있다. 맨틀이 지구 전체의 80% 이상을 차지한다.

○○과 맨틀 윗부분이 붙어 있는 것을 판이라고 한다. 지구 겉은 판 조각들이 퍼즐처럼 붙어 있다.

판은 계속 움직이며 서로 부딪히기도 하고, 서로 밀기도 한다. 붙어 있던 판들이 멀어지기도 한다. 거대한 판이 움직일 때 땅이 갈라지며 지진이 일어나고 마그마가 분출하기도 한다.

마그마는 땅속 ○○에 있다가 지각이 약한 부분을 뚫고 올라온다.

**2. 산지 지형 :** 한반도 땅은 산이 70%나 된다.

한반도는 동쪽은 높고 서쪽은 낮다. 즉 동○서○ 지형이다.

한반도의 동쪽엔 큰 산맥들이 이어져 있다. 그 산맥들은 백두산을 시작으로 지리산까지 이어진다. 이 산맥들을 백○○○이라 한다. 백○○○은 한반도의 등줄기 산맥이다.

산은 어떤 암석이 많은지에 따라 모습이 바뀐다. 설악산, 금강산, 북한산은 마그마가 땅속에서 천천히 식어서 만들어진 바위산, 혹은 돌산이다.

태백산과 지리산은 오랜 시간 동안 암석이 비, 바람, 햇볕에 부서져서 흙으로 뒤덮인 흙산이다.

**3. 하천 지형 :** 하천은 강과 시내를 말한다. 즉 물이 흐르는 지형이다. 물은 높은 곳에서 낮은 곳으로 흐른다. 큰 하천은 산에서 시작되어 바다와 호수에 닿을 때까지 흐른다.

한반도는 동쪽이 높고 서쪽이 낮기 때문에, 큰 하천은 동쪽에서 시작되어 서쪽 바다 ○해와 남쪽 바다 남해로 흐른다.

하천은 부지런하다. 쉬지 않고 주변의 암석을 깎고, 깎은 암석 부스러기를 운반하고 쌓기까지 한다. 이런 하천의 작용을 차례로, ○○작용, 운반 작용, ○○작용이라 한다.

하천은 암석을 깎아서 V자 계곡을 만들고, 하천 양쪽에 계단 모양의 ○○단구를 만든다.

한반도를 대표하는 큰 하천 중에 ○○강만 남해로 흐른다. ○○강 하구에는 삼각주가 있다.

**4. 평야 지형 :** 한반도 땅은 만들어진 지 오래된 땅이라, 높은 산이 거의 없다. 즉 평지와 구릉이 많은 땅이다. (오래된 땅이라, 한반도에는 큰 지진이 일어나지 않을 거라고 했는데, 이젠 믿을 수 없다.)

평야는 서쪽과 남쪽에 몰려 있다. 평야 지형 중에 대접 모양으로 생긴 ○○분지가 있다. ○○분지는 하천이 흐르고 뒤에는 산이 있어서 사람이 살기 좋은 곳이다. 그래서 큰 도시들은 대부분 ○○분지에 있다.

하천은 운반해 온 자갈, 모래, 흙 등을 쌓아서 범람원을 만든다. 범람원은 자연 ○○과 ○○습지로 이루어진다.

대한민국 국회가 있는 여의도는 한강 속에 있는 섬, 즉 ○○○이다. 눈물이 날 정도로 오래 노려봤지만, 국회의사당 지붕이 열리며 로봇이 나오지는 않았다.

**5. 해안 지형:** 한반도는 삼면이 바다로 둘러싸인 반도이다.
동해안은 비교적 단순하고, 황해와 남해는 해안선이 들락날락 복잡한 ○○○해안이다.
황해안은 세계 5대 ○○에 속한다. ○○은 밀물일 때는 바다에 잠기고 썰물일 때는 육지가 되는 땅이다.
남해는 섬이 많아서 ○○해라고 불린다.
동해안은 암석 해안과 모래 해안이 많다. 암석 해안은 절벽(해식애)과 바다가 맞닿아 있는데, 파도가 암석을 깎아서 아름다운 지형을 만든다. 바다 위로 솟은 바위를 촛대바위, 혹은 시○○ 이라 한다. 파도가 육지를 깎아 계단 모양의 평평한 지형을 만든다. 신선바위는 대표적인 ○○대이다.

**6. 화산 지형:** 제주도는 바닷속에서 마그마가 분출하여 만들어진 화산섬이다.
한라산은 용암이 굳어져서 만들어진 ○○이다. 화산과 화산 분출을 구분하자. 산은 산이니까.
제주도는 오름, 즉 ○○ 화산이 360여 개나 있다.
거문오름에서 흘러나온 용암이 흘러나와 바다에 이를 때까지, 벵뒤굴, 만장굴, 김녕사굴 등의 ○○동굴을 만들었다.
제주도는 용암이 땅 위에서 식어서 만들어진 현무암이 많다. 현무암은 구멍이 뻥뻥 뚫린 암석이라 비가 와도 빗물이 땅속으로 다 스며든다. 그래서 제주도엔 하천이 거의 없다. 대신 해안가에서 ○○수가 솟는다.

본 기사를 통해, 독자들이 한반도의 지형에 관심을 가지고, 더 사랑하게 될 거라 기대한다. 이번 여름에 산과 바다, 강으로 휴가를 갈 때, 이 기사를 한 번쯤 떠올리기를 기대한다. 아는 만큼 보이고, 보이는 만큼 사랑하게 된다!

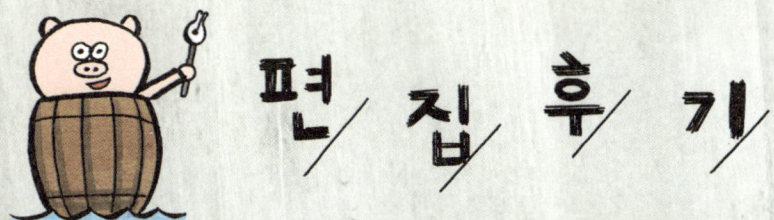

ATLANTIC OCEAN
PACIFIC OCEAN
PACIFIC OCEAN
INDIAN OCEAN

EUROPE
NORTH AMERICA
SOUTH AMERICA
AFRICA
ASIA
AUSTRALIA

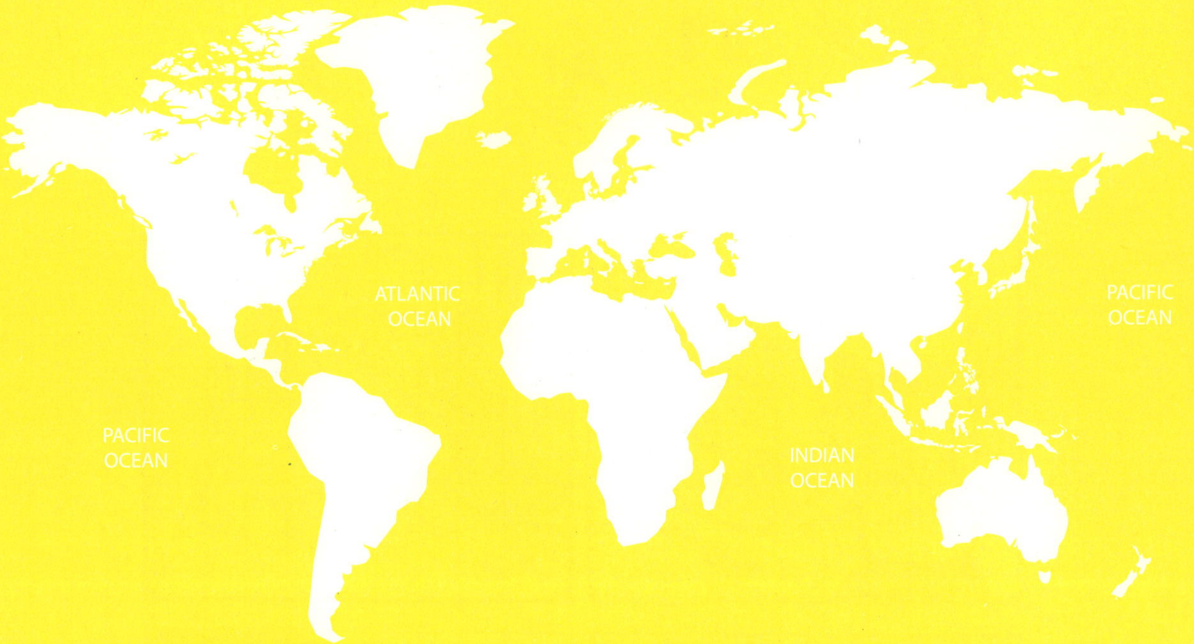

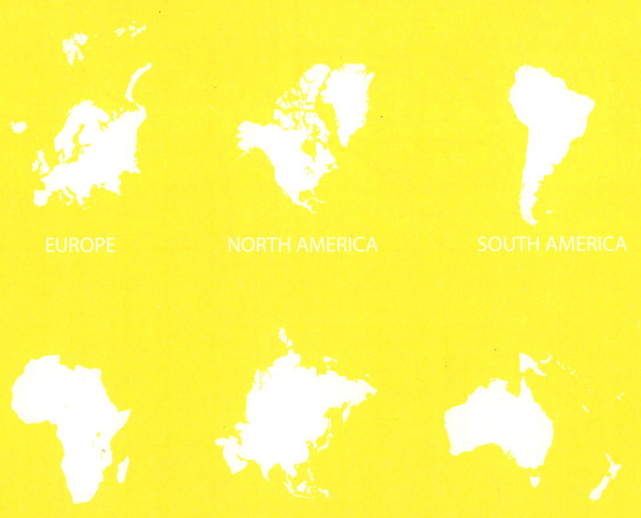